奈良発 ふまじめ教師の市民教育運動

夜間中学・外国ルーツの子の教育・無料塾の日々、そして…

田村隆幸

かもがわ出版

まえがき

２０２０年、僕は、60歳になった。職場は38年間、ずっと中学校だった。

学校は膨大な時間をかけて「僕」という人間を育ててきた。

学校は教員にとって仕事の場であり、学びの場でもある。葛藤の場であり、苦しみの場でも、楽しい場でもあった。

世間一般では「学校の先生」というと、どんなイメージを持たれるのだろうか。

「先生」は児童・生徒と身近で接する職業である。それだけに責任も重いし、保護者からも社会からも期待が大きいし、その裏返しとしてさまざまな批判も受ける。

確かに批判も受けるが、少なくとも僕が知る限り学校に勤める先生方のほとんどは大変まじめでしかも熱心だ。基本的には「生徒（こども）のため」となると、自分の肩に相当の荷物をしょい込んで、とにかくがんばる。ストレスも高いが、その分やりがいもある。見返りなど何もないことは承知しながら、時間外の勤務を毎日延々、当たり前のようにこなしている。

しごとは家に帰ってからも深夜まで続くこともある。もう体が持たないと嘆きつつ、それでも翌朝になれば学校に来て、昨日と同様に目の前の仕事をこなす。

だが、褒められたことばかりではない。

同世代の教員と話をしていると、近年、特に「まじめで逆らわない先生」が増えたという話題になることがある。

上からの指示には無批判で、全力で応えようとする。職員室の中の仲間内だけの会話でさえ教育委員会や管理職の批判をする人はいない。

「滅私奉公」ということばがある。「公僕」という言葉がある。まじめさは時に従順さと履き違えてはならない。官僚や軍隊でもあるまいし、教育活動は、直接的には教師でもある「私」が行うのだから、生徒に対する責任は「上からの指示だった」ということで「私」が免れることではない。学校の教員は教育に関わる以上、1人ひとりの教師の「私」を滅することなく、各教師の裁量の自由はもっと認められるべきだと、僕は考えている。要は教師自身が自ら考えられる、そして高めていける心のゆとりや余裕があればいい。

僕はというと、まじめで言うことをよく聞く教師の部類ではなかった。まずは物事を批判的に見る癖があり、反発することも多かった。また、良き家庭人というわけでもなく、今でも妻や子にはさみしい思いをさせてすまなかったと思っている。それでもなかなか性分は治らないのだが。

でもその分、ある程度やりたいようにやってきたし、やらせてもらった。

仕事はしんどいことも多かったし反省することもたくさんあるが、苦労をしても愉快だった。　そして、とうとう定年退職。

本書では教員生活38年間の、特に後半を中心に、僕がこれまで「学校」という場で感じ、思ったことと、「学校」の枠を越えてでもせざるを得なかったことについて、まとめてみた。同じように感じている人たちや教育に関心を寄せてくれる人とのこれからの出会いのためだ。

いつの時代も「学校」の役割は極めて大きい。日本では普通教育を受ける機会は、実質上「学校」が独占してきた。だから学校が本来そこまでしなくてもいいようなことまで手掛けてきた。それは教員の善意からの自発的行動であって尊いことだったが、それをいいことに文句を言わない教員を使って様々なニーズを低予算で賄うために、学校にあてがわれる業務は際限がなく増え続けてきている。

また、子どもも保護者も多様化し、様々なニーズに応えなければならない。毎日の授業計画とその準備と成績処理をはじめ子どもの学習面での指導。加えて日ごろの生活指導、学校内外の安全確保、美化営繕作業、生徒の人間関係づくり、トラブルの処理、あらゆるケースで家庭への連絡は必須、土日であっても学校に来て業務をこなしているし、そうしていても到底終わりが見えない。そこに親の苦情の処理、部活動、など皮肉を込めて言えばまるで「勉強を教えてくれる高級託児所」のようだ。さらに2020年度などはコロナ禍の休業をきっかけに5年分のＩＣＴ化をわずか半年間で導入し、不十分な環境の中で業務も山のように増えた。その業務の負担を担っている教員は、もはや耐えられないレベルにまで疲弊して、身動きがとれなくなっている。月に1冊の本を読む暇もない。やることはいくら増えても、負担する教員は増えないのだから当然だ。

学校現場のあらゆるしごとは、文句を言わない教師によって成り立っていて、限界を迎えているように見える。

そこで当然、学校外の教育機関が必要になる。まず、大人数の中で疲れてしまった子どもたちの心を癒し元気を取り戻し、1人ひとりに合わせてゆっくりと必要な活動ができる「居場所」がそれにあたる。さらにそのなかでも「普通教育」を担える教育機関。そういうものはあるのか。現実にはなかなか見当たらない。

例えば、文部科学省が公表した2019年度のデータによれば、小中学校で不登校生徒は18万人で最多人数を更新している。そのなかで学校の指導で登校するようになったのは18万人の中の2割程度である。もちろん学校の教員の並々ならぬ努力の結果であるが。また不登校になった生徒のなかに繊細な感性の持ち主で集団の喧騒の中では不適応を起こしてしまう生徒がいる。また外国にルーツがあり、日本語の獲得に相当の時間がかかる生徒もいる。だが、このような子どもや大人の多様化する実態に対してカバーできるような仕組みがない。すべて学校の教師の力量に任されている。

義務教育の「学校」なら無償であるが、民間の団体でこどもたちのサポートをしているフリースクールや塾などはすべて有料である。経営するためには資金が必要だからだ。家賃・人件費・教材費などはもちろんのこと、さまざまに費用が発生する。保護者によほどの経済的余裕があれば話は別だが、義務教育は無償でも、それに代わるフリースクールでは負担がかかってしまうことに抵抗感が生じることはある意味自然なのだろう。

また経験的に言うと、不登校生の家庭が経済的に余裕があるかというと、むしろその逆のケースが多い。というより格差が拡大して、貧困家庭の児童生徒の学力が低下していることも、不登校が増加する大きな原因であると思う。

この実態は学齢期を過ぎればさらに学校のサポートもなくなるので余計に改善されず、「ニート」「ひきこもり」「8050問題」へと発展する。

2016年施行の「義務教育確保法」では、多様化する人々にとって学校以外の教育機関で普通教育を受けられることが重要であることを明文化して謳っている。これによって学校からはみ出してしまった子どもや成人が、学校外で普通教育を受ける機会が保障される。まだまだ制度としては確立してはいないが。

本書でも書いているように、僕たち「特定非営利活動法人　市民ひろばなら小草」は、法人格を取得するずっと以前から通常の学校業務の中ではカバーできない生徒の課題に自主的に取り組み、活動してきた。

2020年度からはとうとう「不登校」「ひきこもり」に対する取り組みも始めた。「学びのフリースペース小草」というフリースクールを開設して、これらの問題を解決していける仕組みを創り出そうと努力している。すなわち、民間としてはおそらく日本初となるだろう無料のフリースクールだ。

コロナ禍の中、奮闘してはいるが、軌道に乗るにはまだ少々頑張らなくてはいけない。

解決策は、1人でも多くの市民の力を借りることしかない。でも生徒(こども)に夢を持てというのなら自分も夢を追わなければ。

また、僕のような退職教員達は、この社会の現状を知り、このまま子や孫に引き継いでいいのか、また自分自身がいきいきと生きるためにも、退職後の人生をどのように生きればいいのか、試行錯誤しながら形を作ろうとしてきたし、これからもそうする。

その記録をここに記し、1人でも多くの人に読んでもらおうと考えた。残りの自分自身の人生のためでもある。

初任の当時、同和教育の研修会で次のような話を聞いた。

同和教育の実践家として有名な教師が、自分の家族の結婚問題では部落差別を理由に反対した。そのことがわかって「あなたは、学校では差別は許さないと教えているのではないですか？」と問い詰められ、答えた言葉が「それはそれ。これはこれ」。

改めて、自分で言うのもなんだが僕はこんな本を書くほど優秀な人間でもないし、模範的な教員でもない。ふざけたいい加減なやつである。だが、大事にしているのは、生徒の前で胸を張れるふざけたやつであることだと思っている。生徒（こども）にいいかっこうを言ってるだけの自分にはなりたくない。

「1人ひとりの教師の生きざまこそ、最大の教育条件である」

今思えば、これが僕が依拠してきた僕自身の教育理念だった。

それが僕の誇りである。

もくじ

1　その日

2020年2月27日。

その日のことを、僕は忘れないだろう。

その日、僕が務めていた中学校では、学年末テストの最終日だった。

生徒たちは午前中でテストを終わって午後は部活動で汗を流し、夕方5時には下校していた。

僕たち中学校の教員はというと、1年中恐ろしく多忙だ。次の日からも通常通り生徒が登校してくるので、授業の準備はもちろんのこと、テストを実施したその日のうちに採点を終わらせて最初の授業では返却したい。

おまけに年度末は気が抜けないことばかりだ。来年度のクラス替えの資料を作らなければならないし、その会議はあらゆる情報が漏れ落ちないように慎重に話し合わなければならない。会議といえば年度末の総括会議。それに加えて生徒たちにとっては最も重要な公立高校の入試が迫っている。調査書の作成、願書の提出もまだこれからだ。卒業式も間近に迫っている。計画も準備もこれからだ。

午後7時。

突然、同僚が素っ頓狂な声でこう言った。

「田村先生、ちょっと、ちょっと。たいへんですよ。テレビで総理大臣がえらいこと言ってますよ」

僕は、一心不乱にその日に行われた学年末テストの丸うちをしていたが、手を止めた。

その時僕は59歳。定年退職まであと1年を残すだけの職場の年長者なので、同僚の先生方はみんな敬語を使って話してくれる。

「安倍首相が『来週から学校を休校に』って言ってますよ」

「……」

一瞬、驚きのあまり、想像力が奪われた。

まさに僕にとっては「歴史は、ここまで、こんなふうに動いてきていたのか」と実感した瞬間だった。

外はもうすでに真っ暗になっていた。職員室に残っていた先生たちがたちまち騒ぎ始めた。

「えー、テストの返却はどうすんのー?」「成績は?」「受験は?」「卒業式は?」「??」

その日2月27日、首相がいきなりテレビの画面から国民に向かって、全国の小・中・高・特別支援学校に休校を「要請」したのは木曜日。

休業が要請された3月2日というのは次の週の月曜日だから、生徒が登校するのはそのニュースの翌日、2月28日だけになる。

えーっ! 明日1日しかない!

通常、いきなり全国規模で学校すべてを休校にするなんてことは、ありえない。

そんな権限はだれにもないはずだ。これに法的にも拘束力はないはずだ。

しかし、僕は直感した。

本当に、来週から臨時休校になるぞ。

僕は、同僚に言った。

「大本営発表みたいや。『我が国は本日、戦争を始めました』なんて、こんな風に発表するんやろうな」

おそらく、事前にこのことを知っていた地方自治体はほとんどなかっただろう。にもかかわらず、首相が「要請」したことに従わなかった首長がどれだけいるだろうか。現場の児童生徒も保護者も教職員も混乱することは目に見えている。首長がどう言おうと、その混乱を予想して、例え一週間でも休業を先に延ばそうとした教育委員会があっただろうか。

僕は帰り支度をして、同僚にこう言った。

「森友・加計、統計問題などのようなことがあっても、何も変わらないのが当たり前の権力構造だから、総理大臣がテレビを通じて要請した以上は、よほどのことがない限り、各自治体の首長はすぐに首相の「要請」を受けて、休校を表明するやろう」

教育は、本来ならば政治からは一定独立した「教育委員会」が地域の実情に応じて自主的に判断するのが「ものの筋」というものだろうが、そんな理屈はとっくに歪められている。

「2015年の法改正で首長の教育委員会への権限が明らかに強まっている、とはいうものの政治が学校教育に直接に力を及ぼすことには抑制的でなければならないはずだ。しかも現場を任されている僕たちの感覚ではこんなに性急なことはさすがに厳しいとは思うけど、そんなことにはおかまいなく来週月曜日から休みにするかもなあ」

僕はそう言って学校を出た。

そして、事実、そうなった。

翌2月28日、金曜日。僕たちは、早朝から会議。すでに3月までの休校は決まっていた。小中学生は自宅で学習。日中に家族が仕事で外出する小学生は登校してもよいが、入る部屋の大きさから児童の人数、くっつかない・外に出さないなど遊び方の細部に至るまで細かく決められた。子どもたちは、屋内で自習をするか、ビデオを見るぐらいだが、実際にはそんなことは不可能だろう。

これからのことを思うと僕たちは大あわてだった。テストの返却はどうするか。教科ごと、クラスごとに統一が取れないから、返却できない。教育委員会からは家庭訪問もしないように指示があったが、生徒たちに対してどうしてやればいいのか。

生徒たちの登校はいつもと同じ。ただ、授業は午前中のみ。給食を食べてそのまま下校することになった。

授業後、言葉を選んで慎重に連絡事項を伝え、下校させた。生徒たちはワイワイキャーキャー言いながら門を出ていった。

その日以降、6月まで学校で授業が行われることはなかった。

教育委員会からは、次々に指示がでた。それより前に市長のツイートで知ることもあった。

公立高校の入学試験などは予定通りの日程で行われることは28日にツイートされていた。

卒業式も同様だ。

臨時休校中には、児童生徒は自宅で待機することも、家でみてもらえない場合は小学校の児童のみは登校してもよいことも。

学校では休業中の学習課題（宿題）は出す。これは教師が届ける。が生徒や保護者とはできるだけ話さない。

卒業式はする。参加は卒業生のみで在校生も保護者も出席しない。

しかもこれらは後日断続的に変更につぐ変更を「通知」されることになる。市長がツイッターで流す。その通りに教育委員会が通知を出す。この繰り返しだったからだ。

ある時には、市長と教育長がマスコミを引き連れ市内の小学校を視察の為に訪れ、教室内で遊んでいる児童を見て、「中学校の教師を連れてきて、歌でも歌わせて、子どもらを外に出してやれ」と言ったとかなどというわさも漏れ聞こえてきた。

市長のツイッターとそれに合わせる教育委員会からの通知。何が何だかわからないほど対応する学校現場は大混乱だった。

「これって根本的に間違っている」。僕はそう思い続けていた。

2　休校

どこが根本的に間違っていると感じていたのか。それは「人の支配」が「法の支配」の上にあるのではないかという点、つまりすべてがあまりにトップダウンで、首長・教育長がすべて首相の一言に「右にならえ」だったことだ。

まだ感染者が1人もいない県も、感染者のいない離島までも、何故一斉に学校を自粛し休校にしなければならないのか。それに異を唱える者は、これほどまでにいないのか。

後から聞くと、自粛要請が行われた前日まで文部科学省も学校は止めないと言っていた。首相の一言、自治体の首長のツイートが他に優先され、忖度され、強行されて学校が動いていく。僕が違和感を持った「根本」の部分がそれだ。もちろん現場の僕たちが主体的に自分たちで考えられる余地はまったくなかった。しかも、これらの強行に僕らが市民として質問したり説明を求めたり抗議する手段がない。

最近で言えば、「夏休み」も1年前から突如として短縮された。勤務時間を管理するため、タイムカードの打刻が導入された。日ごろから毎日のように残業に告ぐ残業をしていても何の手当もない。だから、ごくたまに仕事が少ない日に早く帰ることは互いの了解の中で認め合っていたのだが、それも有給休暇を取らなくてはならなくなった。現場で生徒や保護者と直に向き合っている生身の教職員の声は反映されることはない。

どんな無茶で急なことであっても、教育に政治が、いや政治家が介入してくる。

休校が続くことで焦った行政は、以後5年間をかけて進めようとしていた「ギガスクール構想」をわずか数か月で矢継ぎ早で現場におろしてきた。

まず、生徒とオンライン双方向で同時通信をするためのソフトが導入された。

しかしハード面が整備されていないから使い物にならない。それでも一部の学校にテレビと新聞の取材が入り、「こんなに進んでますよ」と報道された。メディアは行政の宣伝媒体として利用された。

次にまた違うソフトが導入される。

行政も慌てふためいていただろうことは、学校からもよく見えた。

次に授業を動画にとってYouTubeなどのコンテンツを使って生徒に届けられるようにするような指示が入った。まずは教育委員会の指導主事が自身の顔を出しての動画をYouTubeにあげて、公開されているものを僕たちに見せた。もちろん教職員にも顔出しで同じことをやれという意味だ。教育委員会は教職員向けの研修を動画サイトで行い、「教員は顔を曝せ。怖くなんかない。それが子どものためだ」と言った。不特定多数に情報が拡散するSNSのこわさを知って生徒にも日頃から指導もしている多くの教員は当然不安に思った。

この件は教職員労働組合も抗議の声を集めたからか、肖像権の問題が発生したのか、とにかく「顔出しYouTube」の強制はなくなったものの、全てそんな勢いで現場はほんろうされていった。

もちろん教員は生徒の学力の伸長を願っているし、コロナ禍での学習のありようを考えている。しかし、その教員の思いと違うところで意思決定され、「生徒(こども)のため」と言われると文句も言えずに指示された中身だけがまかり通ってしまうところに、僕らはたまらない「圧迫感」を感じていた。

コロナ禍の学校の対応の仕方についても、首長は「ツイッター」で流し、そのあと慌てて教育委員会が通知を出した。

学校行事についてもそうだ。

2020年3月の休業中の卒業式や入学式について、教育委員会から細かい指示が出た。

コロナ禍の中での休業中だから、感染拡大には最大限留意しなければならないことはよくわかる。万が一にもクラスターの発生がないようにこれまでと違う対応をするのは当然の事だろうと思う。だがその対応を、僕らは市長が市民向けにアピールしたツイッターで知り、その後で教育委員会がツイートの通りに通知を出し、学校の代表である校長は一切をその通りに実施するしかなかったとしたら、どうだろう。しかもその通知もその都度、市長のツイートでころころと変わり、それに合わせて右往左往していく。

中学校にとって「卒業式」は1年間のなかでも、最も大きな行事だ。

なぜなら、中学校3年生は義務教育の最終学年で、そのまま就職して社会に出る子どもたちもいる。その前提に立てば、義務教育機関が子どもたちを社会に送り出す、最後の儀式だからだ。

実際に僕が初任で務めた当時、経済的な理由でそのまま就職する生徒が何名かいた。その子たちは進学する生徒よりも幸せの薄い環境に育っていた。だから、進学する生徒以上に就職する生徒の進路指導には心を砕いて、一緒に職場見学に行ったり、職場開拓をしたりした。その子たちにとって、中学校は最終学歴になる。僕の担任したクラスにも3名ほどいた。

義務教育課程を終え、これから社会に飛び出す生徒たちを社会に送り出す晴れの儀式、それが中学校の卒業式だ。

だから、卒業式の在り方は、大げさに言えばそれぞれの学校において哲学があった。儀式として厳粛に行われるべきだという考えもあれば、中学校生活の最後の授業という捉えで、学習してきたことの発表の場として、生徒たちの人間としての成長の証を確かめ合いこれからの人生の力にするという、生徒主体の活気のある卒業式の場合もある。

やり方は実に様々だ。先生と生徒が知恵を絞って、地域の人たちの支えと協力の中で行ってきた。

僕は38年間で5校の中学校に勤務したが、卒業式はそれぞれだった。

最初の勤務校は当時としては生徒指導に明け暮れたいわゆる荒れた学校だったが、卒業式だけは緊張感の中で静粛に行う習わしになっていた。それは義務教育最後の儀式を、重みのあるものにして心に刻んで送り出したいという教員の並々ならぬ決意の表れだった。僕自身も3年間担任してきて初めて送り出す卒業生の晴れの舞台だった。緊張で異常に肩が凝り、証書授与の際の呼名を間違えてしまったことなど、思い出が鮮明に残っている。

次の勤務校では、卒業式には違う意味が持たされていた。僕は異動した1年目から3年生の担任をして3年生の卒業式を迎えたが、卒業式は初任校とは大きく違っていた。

体育館の中央に低い手作りの舞台を作り、卒業生と在校生が対面して座る。メインは在校生の目の前でもらう「卒業証書授与」と1時間にもわたる「答辞」。

「答辞」は、最後の授業と位置づけ、中学校生活、特に3年生での1年間の心の成長を生徒自らが総括した。「答辞」を作成するために、「今のままの姿で卒業してもいいのだろうか」と生徒とともに悩み、考え、3年生の3学期にはクラスの1人ひとりが自分の進路の悩みを吐露し、互いに励ましあう取り組みをした。1時間にもわたる生徒たちが創り上げた「答辞」こそ卒業式の値打ちそのものだった。

卒業式が終わると、会場はそのまま残しておいて、翌日には2年生がその会場に入り、卒業生たちが残していった「答辞」に込められた意味を考え、来年の卒業式に自分たちがどんな「答辞」を残せるかという目標を定め、残りの1年間のスタートにする。

思い出深いのは、4校目の卒業式だった。そこは義務教育を受けることのできなかった人が大人になってから学びなおす「夜間中学」だった。すでに高齢になった、かつての学齢期の児童生徒は、誰しもがもらったことのある「卒業証書」を持っていないことで、これまでの人生ではいつも肩身の狭い思いをしてきた。学べなかったことで、文字を知らずに苦労してきた夜間中学の生徒にとって「義務教育の卒業」は人生一番のあこがれで、生きている意味そのものだった。だから「卒業式」は学齢期の子どもたち以上に大きな意味があった。ある生徒さんは、わざわざ背広を新調して、またある生徒さんはチマチョゴリを着て、卒業式の定番「蛍の光」を歌った。

貧困や差別の結果、「教育を受ける権利」を奪われた人が、それを取り戻すべく学習をする夜間中学では、「卒業式」という儀式を体験すること自体が人生の目標だったからだ。

どの学校行事1つ1つをとっても、意義や目的に合わせて、議論をして作り上げてきたものだった。

ところが現在は議論なく現場が動かされていく。それがどんなに現実に合っていなくても、どんなに思いつきの勝手な言い分に見えても、それによってかえって現場に大きな混乱をきたしていても、だ。子どものために、学校現場もやりやすくなる手法は他にもいろいろ考えられるのに、トップダウンで政治主導で教育が進められていく。

僕たちはいったいどこを向いて仕事をしてるんだろう。そんな違和感を感じていた。

今の光景の先に、重なるイメージがある。

日中戦争、太平洋戦争とひたすら戦争の道をすすむ１９３０年代から45年まで、日本では学校も戦時体制に組み込まれた。政治が教育に介入し、教育制度も、教育内容も、教師の意識も、国家主義一色になった。そのようななかで、子どもたちに「お国のために死ね。天皇陛下のために命を惜しむな」と教えたのは、まじめで優秀で、そして権力に対して批判力を持たない従順な教師たちだった。

戦争が終わってみれば、自国民多民族ともに殺し殺され奪われた命と、ただただ空襲から逃げまどった末の焼け野原と、飢えに苦しむ人・親を失った子どもだった。

戦後の教師は、自分たちが愚かにも国家主義に異を唱えることもなく、ただ国家を信じ、教え子たちを戦死させたことを痛烈に反省し、それまで使っていた教科書に墨を塗り、青空の下で授業を行った。

そのような歴史から、戦後教育は国家が教育に介入してくることを警戒した。

教育は本来、自由で、平等で、教師が主体的に創造していくものだ、と。

「滅私奉公」ではなく、「個人の尊重」を。全体主義ではなく、民主主義を。武器を放棄した徹底的な平和思想を。命の大切さを。教育の柱は大きく変化した。

「政治」が教育に介入しないように「教育委員会」が政治から一定独立した立場を持ち、教師たちは「教え子を再び戦場に送るな」をスローガンにして、民主教育を実践し、政治に対して批判的に、教育を自主的に創造してきた。

「教え子を戦場に送った」という責任から逃れてはいけない。

戦後、教員はもはや従順ではなくなった。民主的な社会を構築する地域のオピニオンリーダーとして、デモも行えば、ストもやった。例えば、教師の勤務評定に対する反対、日の丸や君が代の強制に対する反対、愛国心を強制する指導要領に対する反対、などなど、すべてがそうだった。

国や政治家は、そのような教師がじゃまでならなかったのだろう。

いつのまにか、再び教育も統制されてきた。

教育内容も様々に変化し、教員が政治を批判的に語ることもめっきり減ってしまった。戦後75年の歳月の間に、「いつか来た道」と批判する声もむなしく再び国家の教育統制は進んだと思わせる状況になっている。

対抗できるはずの、教師の労働組合は組織率も下がり、国会の答弁で首相が「日教組、日教組」と連呼していたのを見ても、教職員労働組合は政治家から疎まれて、弱体化したことがわかる。

戦後75年以上が経過した今、教育委員会は地域の教育を独立した立場で、現場の状況を理解しながら、ものを言えているのだろうか。管理職は1つひとつの学校で直接に保護者や生徒にあたる教員の願いを充分に理解して、教育委員会にも主張できているのだろうか。

学校の職員室が縦社会になりはて、教師たちはイエスマンばかりで、どこにも「批判的に」ものを言う空気はなくなったように僕は感じている。そんななかで、憲法で保障されている「労働組合」の運動の持つ意味は、実に大きい。僕は労働組合の活動に積極的にかかわってきたわけではなかったが、ここに希望を持つ1人である。

そして、もう1つの期待と希望。

それが市民運動である。

僕の38年間の教員生活の中で、4校目に勤めたのは「夜間中学校」。多くの人が持っている「学校」というイメージからは、かけ離れた「学校」だった。

そもそも日本の学校制度の中に「夜間中学校」というものは存在しなかった。では、どのようにしてできてきたのか。その答えはシンプルだ。必要とする人がいて、それを応援する人がいたからだ。

もともと存在したものではない。また、誰かが与えてくれたものではない。獲得したもので、そういう意味でも「基本的人権」の歴史と同様である。

何もないところに、自主的に「学校」を作りだし、運営していったのだ。

現在奈良県内には公立、私設あわせて6つの夜間中学が存在しているが、そのはじめは1976年に始まった市民運動。支援者や当事者が「奈良に夜間中学を作る会」という市民団体を結成し、公立化を目指して運動した結果だ。

僕はそこで憲法26条に歌われている「教育を受ける権利」は、誰かが与えてくれる恩恵ではなく、獲得する、言い換えれば「奪い取る」ものだということを、学んだ。

3　うどん学校

「夜間中学」というと聞きなじみのない人も多いだろうが、ざっくり説明すると次のようなものである。その始まりは1947年。アジア太平洋戦争が終わって、まだ日本中が焼け野原だったころのことだ。まともな学校教育ができなかった混乱の中で、学校に行けない子どもたちがいた。そういう子どもたちのために、教師たちが夜間に学ぶ場を開設したのが夜間中学の始まりである。教師たちのやむにやまれぬ行動の結果だった。その後数年間、夕刻になると児童や生徒が集まる「学びの場」は各地に広がり増え続けた。もっとも多かった時期は1954年に87校、1955年には生徒数5208人と記録されている。奈良県内にも数多くの夜間中学が運営された。あくまで教師や地域の人たちの自発的な行動だったそうだ。

今で言う、教師の無償のボランティアである。

しかし、この時期をピークに夜間中学は減少する。国が義務教育の建前から子どもたちを昼間に学習させる方針を示し、夜間中学を廃止する勧告を出したからである。

しかしこの夜間中学廃止勧告に対して、敢然と立ち向かう男がいた。タカノマサオという。

彼は、夜間中学に出会わなければ、「自分は野良犬のように暮らしていた。生きることさえできなかったかもしれない。だから、『文字は命だ』『夜間中学は生命線だ』」と訴え、たった1人で夜間中学増設の運動を始めた。

彼は、夜間中学の卒業生だった。

実写フィルムをつくり、全国に夜間中学の増設運動に歩いた。

その運動は、経済成長を遂げた日本の裏側にいる、被差別部落の人々、旧植民地であった朝鮮半島や台湾出身の人たち、就学免除・就学猶予という名目で義務教育から排除されたしょうがい者、中国残留日本人の帰国者や家族、それに彼らの存在を知って寄り添おうとした大勢の人たちの支えの中で、たちまち「夜間中学運動」として拡大した。

ここにいたって、夜間中学校は再び増加する。今度は学齢期の児童・生徒の学校ではなく、すでに成人した人の学校として、つまり日本社会において底辺に置かれ義務教育すら修了できなかった人々が、自らの学びを取り戻すための学校として。

1972年までに大阪で5校、東京に1校が新設された。

その頃奈良県内には夜間中学校はなかったため、何名かは大阪の夜間中学に通っていたものの、大阪府が府外からの通学を認めなくなったため通うことができなくなった。

それならば、奈良にも夜間中学をつくればいいではないか。天王寺中学校夜間学級に勤務していた岩井好子さんや戦時中に中国戦線にいた経験から残留孤児の支援の中心にいた老田誠一さんたちが中心となって、奈良県民のための夜間中学校として開設することをめざし、「奈良に夜間中学を作る会」（以後「作る会」）を結成したのが始まりである。

学校の教員が、労働組合でもなく、他の市民とともに「教育運動」を創り、活動をした。

「作る会」は、運動方針として、実際に私設の「夜間中学」を設立し運営しながら公立の夜間中学校の設立運動をすることに決め、市民運動を確立していった。とはいえ「公立夜間中学」は、設立しなければならないという法的根拠はない。いつ公立の学校にされるかは全く見通しがない中で、自分たちで資金を調達しながら、支援者を募った。当時は労働組合運動も盛んな時期だった。私学合同労組から夜間に「正強学園」を使ってもいいと協力の申し出があり、それから週に4回、大和西大寺駅前の「正強学園」の校舎を借りて、私設夜間中学を運営した。「奈良夜間中学校」という。

昼間に仕事をして、そのまま夜間中学に通うのでおなかもすくだろうと、食堂を使ってうどんをふるまった。そのためいつのころからか「うどん学校」という愛称で呼ばれるようになった。

休憩時間になるとそのうどんをすすりながら、これまで生きてきた人生の苦労や思い出を話す。そこには逆境の中をしたたかに生き抜いてきたたくましい「夜間中学生」の姿があった。互いに励ましあいながら、先生よりも生徒の方が年上で、先生が生徒の生きざまから影響を受け、人生を学ぶ姿がそこにあった。社会や歴史の矛盾をかみしめながら、教師も生徒もない、うどんのようなあたたかい時間が流れたと聞いている。

うどん学校校歌　詞　森善吉　曲　吉岡しげ美

1　あたたかく　きどらない
かざらない　うどんのような
みんなの学校　奈良夜間中学校

2　どないしたん　しっかりしいや
こないしょう　友達のような
みんなの学校　奈良夜間中学校

3　ゆったりと　もえている
わらってる　お日さまのような
みんなの学校　奈良夜間中学校

高学歴社会を誇る日本で、教育から遠ざけられた人たちが、今ようやく「文字を取り戻し」に、夕方になると電車に乗って大和西大寺に降り立った。

公立夜間中学設立運動

学習内容は、成人だから、その人のニーズに合わせて取り組んだ。名称は「中学」とついていても、小学校での学習経験もない人に正の数や負の数を教えても実用的ではない。それより、スーパーで買い物したときに、お釣りを正しく受け取れるための計算や、駅のホームで切符を買うために駅名を読めることのほうが、よほど重要である。それができずに、これまでどれほど悲しい思いをしてきたことか。

地域で回ってくる回覧板、学校からの「お手紙」、市役所で渡される書類。文字や計算を知らずに恥をかくことも山ほどある。

先生たちは、そんな生徒の思いをしっかり受け止めながら、マンツーマンでその人の必要な学習を親身になって組み立てた。

美しい時間だったに違いない。

スタッフは生徒に「知識」を与えようとしながら、逆に被抑圧者の「生きざま」や生きてきたしたたかな「知恵」を学ぶ。誰が生徒で誰が先生か、わからないながらも楽しい「奈良夜間中学校」は日々明かりをともした。

一方で「作る会」は、これまで義務教育の機会すら奪われ続けてきた人たちが、ようやくたどり着いた学びの場なのだからと学習しやすい環境づくりに精をだした。

子どもが小学生で、家で1人で留守番させるわけにはいかないとなれば、子どもも一緒に連れてきて勉強を見てやった。

また自主的に始めた学校だから、校区など存在しない。通える人には県外からも門戸を開いた。

そうしながら、署名を集めたり、賛同した市会議員や県会議員が議会で質問をするなどして、認知度も高まっていった。

約2年間の公立化を求めた運動の結果、ついに「うどん学校」は奈良市立春日中学校のなかの「夜間学級」という

愛称は「うどん学校」

位置づけで、公立化され「学校」になった。

１９７８年のことだった。

これは、義務教育を受けられなかった人が学校教育を受ける権利を保障する責任は、社会にあるということの証でもあった。また「奈良に夜間中学を作る会」は目的を達成し、これまでのように資金や人を集めて運動を続ける必要はなくなった。

その代わり、以後は「学校」という枠がはめられることになった。

「うどん学校」にボランティアとして関わり生徒さんと共に学びあったスタッフは、もちろん公立化した「学校」の教員ではない。代わりに公立の「学校の先生」が赴任してきた。教員免許はもっているが、子どもに教科書どおりにしか教えたことがない、職業としての「先生」だった。なかには、なぜ義務教育を受けられなかった人がいるのか、全く知らずに辞令をうけて来た先生もいた。

生徒さんの受け入れにも変化があった。これまで「うどん学校」に通学できた人も入学可能範囲に制限が設けられた。県外からは入学できないし、他市町村からの入学はその市町村が分担金を支払って入学を許可しないと入れなくなった。さらに義務教育を受けていない人が対象となるため、知らない間に「卒業証書」をもらったことになっている人は入学資格がなかった。学校は出席日数が少ない生徒でも、将来のために卒業証書を与えられている人がほとんどだが、そういう人は再び締め出されてしまうことになった。

もちろん学齢期の子どもを連れての登校はできなくなった。

修業年限も大きな問題だった。「レディネス」と言って、人が学習をするにはそれに適した時期がある。

高齢になって、また仕事をしながらの学習は、覚えてもすぐ忘れると嘆く生徒さんが多い。やっとたどりついた「義務教育」の場だが、学習効果が表れていようとそうでなかろうと、３年たつと否応なく卒業しなければならなくなった。

これまで「うどん学校」を運営しながら公立化を求めてきた「作る会」のメンバーは、学校ができたとはいってもこのまま安心してみていられる状況ではなかった。

そこで、「作る会」は「作り育てる会」と名を改めて、「夜間中学」の意義を伝え、奈良県のこれまでの義務教育ではカバーできなかった人たちの苦難の人生を「補償」し、教育を受ける権利を「保証」する運動を続けることにした。

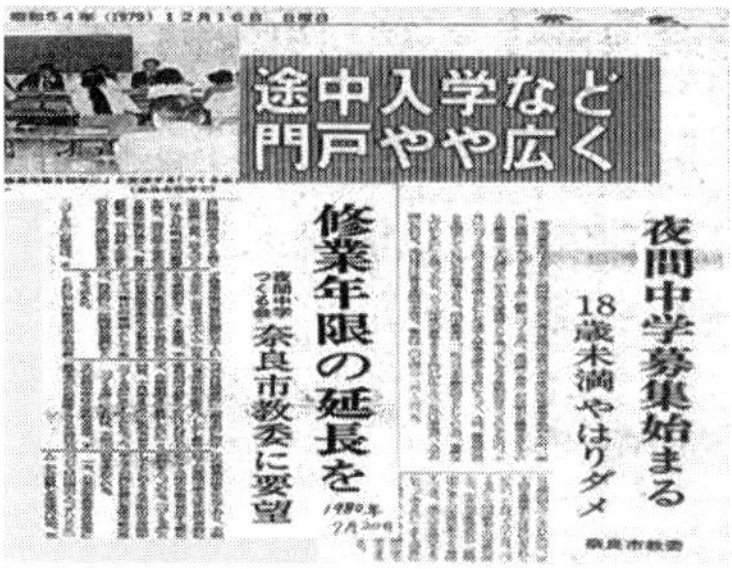
途中入学など
門戸やや広く
夜間中学募集始まる
18歳未満やはりダメ
修業年限の延長を
夜間中学つくる会 奈良市教委に要望

「作り育てる会」が市教委に要望

結果として「うどん学校」は公的サービス機関となることで、お金や施設の心配はしなくてよくなった。その代わりに、自由に学べる仕組みを担保に取られた形になる。

それでも「つくり育てる会」は、「春日夜間中学校」を生徒さんの実態に合わせて、使える制度をうまく利用できるように行政と交渉するなどの運動を続け、「学校」ではあるが「学校らしくない」、生徒目線の自由な運営を目指していくことになった。

奈良市に公立の夜間中学が設置されたのち、天理市民が「天理に夜間中学をつくる会」を結成し、翌年には公立化した。１９９０年代に入って橿原市にも「夜間中学をつくる会」ができ、運動の末に公立化した。

また、公立化することによるデメリットもあることを理解したうえで、あえて「公立化」をめざすとは言わない「自主夜間中学」もある。関係者は、公立化された「夜間中学校」に対して「自主夜間中学」も含めて広く「夜間中学」という。奈良には「吉野自主夜間中学」「西和自主夜間中学」「宇陀自主夜間中学」も開設されている。

夜間中学は、その後、戦前や戦後に苦難の歴史を歩んだ人たちが高齢化するにつれ、今度は外国からの渡日者が日本語を学ぶ場として大きな意味を持っている。

また、２０１６年には夜間中学関係者による長年の努力の結果、「義務教育確保法」が制定され、学齢期の不登校等の生徒の進学先として、また卒業証書だけは授与されたが実質の義務教育は受けていないという「形式卒業生」も入学できるようになった。

戦後から現在まで、時代の移ろいによって、夜間中学を必要とする人は変わってきているが、なくなることはない。夜間中学を必要とする人も変化するからだ。

どの時代も教育的に弱い立場に置かれた人々。そういう教育的弱者は社会的にも弱者である。その社会的弱者の支えになる教育界のセーフティネットとなるのが、夜間中学であると思う。夜間中学設立運動に関わった人たちにとって、夜間中学運動とは社会的弱者に対して教育的にサポートすることであり、さらにより広義にいえば、教育的な弱者を生まない社会を創造するのが、夜間中学の目的であると僕は考えている。

4　ひねでも生徒

2001年、僕はあえてちょっと変わった「春日夜間中学校」に異動した。「春日夜間中学校」。正確には「奈良市立春日中学校夜間学級」という。「奈良市立」だから公立の学校である。それぞれの学校に「○年○組」という学級があるが、その一つで「夜間学級」という。夜間学級の中には1年生から3年生まで3クラスがあり、中学校の2部授業といって午後に授業をするので、各教科の専門の先生が配置されているのが建前だ。

学習しに来るのはもちろん中学生だが、15歳までの生徒はいない。皆16歳以上だ。学齢期を過ぎているけれども、本来学ぶときに学べなかったから、今来て勉強しているという理屈だ。だからそういう生徒（生徒さんと呼んだ）だから、一人一人わけがある。

僕はその生徒さんたちと出会いたくて、異動を希望したのだった。

以後11年間、春日夜間中学校で勉強を教えながら、同時に生徒さんたちから様々に学ぶことになる。そして夜間中学の生徒さんの実態から自然発生的に、教育的弱者を生み出さないしくみとしての「シャオツァオ」が誕生する。

まず僕がその春日夜間中学校で出会った生徒さんたちからどんなことを感じたか、そしてその前身である「うどん学校」から時を経て僕が勤めた当時の春日夜間中学ではどんな課題があったのかを見てみたい。

僕が異動した時には、「うどん学校」は公立化してすでに22年もの年月がたっていた。

しかし、「うどん学校」の精神を「春日夜間中学校」にも生かそうとしてきた先輩たちの22年間の取り組みによって、他の学校とは大きく違った「学校」になっていた。

一方、僕は年齢的にも異動した時には中堅教員になっていた。学校では生徒指導上も学習指導上も、リーダー的な役割を担うようになっていた。集団作りのあり方や行事の意義なども先駆的な取り組みを模索し、実践を試みていた。いささかの自負もあった。

しかし、そこで赴任した夜間中学では、これまでのノウハウは全く通用しなかった。いや通用する場面がなかった。

夜間中学では、大人の生徒が相手である。形の上では先生と生徒だが、人生経験ははるかに生徒の方がうえだった。喫煙や頭髪などの指導は必要ないどころか失礼な話で、大きな声を出すこともない。高齢になってからも毎晩よく勉強しに来るなあと心から思うので、言葉遣いも自然に敬語になる。行きかえりの「気をつけて」などのあいさつに心がこもった。敬語の「敬」は「尊敬」の「敬」。苦難の歴史を歩んできた、まさに尊敬に値する生徒さんたちに心から敬語を使って接していた。学齢期に学べなかったということは、それだけで大きなハンディキャップがある。学んでも練習してもなかなか覚えられない。でも、生徒さんたちは人生のなかでぽっかり空いた穴を埋めるように、学校に来ては根気よく学んでいた。

1年の学習の総まとめで、毎年文集を制作した。そこでは、鉛筆を握りしめながら不器用に文字を書いては消し、消しては書いて、を繰り返す、すさまじい人生があった。

ある生徒さんはその作文に次のように記している。

私の生い立ち。

私は五人兄弟です。兄は二人弟一人妹一人です。小さかった頃はとても家が貧しい暮らしでした。

私は三歳半ぐらいのときに父が戦争に行きました。まだ弟が生後六か月くらいだったと思います。父を送りに歩いて行きました。駅のホームには黒い汽車が止まっていました。みんな紙で作った日の丸の旗を持って見送りに来られていました。ふと母の顔を見たときに涙を流していました。なぜ泣いているのかな……と思いました。すぐに父が帰ってくるように、思っていたからです。

やがて、汽車が出ていきました。

力いっぱい日の丸のはたをふって、父に、「おみやげを買ってきて」と言た事を覚えて居ます。

それからの母の苦労を、口では言えないことばかりです。大きくなってから聞いた話ですが、これからどうして子供たちを、育てて行ったらよいかわからなかったと、言っていました。食べるものがなく自分が食べずに子供たちには、食べさせてくれました。今私が、母のような立場になればどうなるなろうな、母は強いな……と思いました。

いろいろな苦労をのりこえて、私は小学校に行くようになりました。昭和二十年です。学用品もろくになく、フデバコも紙で作った物でした。ノートもワラバンシを切って、作ってもらいました。学校に行っても、おちついて勉強も出来ません。

すぐに「空しゅう」で家に帰るのです。上級生の人たちと、一緒に、帰るように、先生方が言ってをられるのに、いつも先に帰られていました。いつも泣いて帰っていました。その夏に終戦になりました。少しして、父も無事に帰ってきてくれましたが、「マラリヤ」というものすごい熱病にかかりました。何日も何日もなおりませんでした。仕事も出来ません。父はお酒飲みであまり働きませんでした。仕事しても、ほとんど酒代に使っていました。そうしている内に妹が生まれました。母は近くの町工場に、勤めるようになりました。妹が生れて、三か月ぐらいです。おちちの時間になると、工場まで連れて行きました。小さな体にいつも背中に妹がいました。

みんな学校に行く姿を見てなぜ私は学校に、行けないのかと、親を恨んだこともありました。

公立化した夜間学級

私は字が書けない悔しさに何度泣いたかわかりません。

この世で字さえ書かずに通って行けたらどんなに、のびのびと生きていけるやろうなと、思ったかしれません。子供のPTAの会合のときも回りの人達は、高校・大学と教育を受けておられる人ばかりです。そんな中に、まじって、私は字も書けない事を知られたらどんなに「はじ」な事だろうな、と思っただけで胸がどきどきして立っていられないほど震えて来ます。人の前で今でも震えて書けません。本当に、悔しいです。

子供が、小さかった頃に、夜間中学で、勉強を学んでおられる所を、新聞で見ました。こんな所があるんやなぁ

……私も行きたいぁ
　主人に相談しましたが、行かせてやりたいが、今は無理やと言われました。私もいつかは夜中で、勉強したいと、いつもいつもも思っていました。今は念願の春日夜間中学にこられるようになって夢のようです。一生懸命がんばります。（原文ママ）

お涙頂戴の作られたものではない、苦労を背負い生きてきた、生身の人間が目の前にいた。教師と生徒という立場だが、学んだことで判断すれば明らかに僕の方が生徒のようだった。僕は文字や言葉という知識を教える代わりに、人間の歴史を学ばせてもらった。
　僕は、あっという間に夜間中学のファンになった。もともと「うどん学校」の存在は知っていて、いつかは春日夜間中学で働いてみたいと思ってはいた。だが、教育的に弱い立場に置かれた人たちの人生と直に出会え、その体験と直接に出会えたことで、自分の中にある教師という傲慢さに気づかされ、成績や入試のためではない学ぶことの本当の意味を考えさせられたことで、心が洗われるようだった。

日本に生きて
　自分の国で、自分が生れ育った所で一生暮らしていける人は幸せだと思いました。
　私が働いてる会社は年寄りばかりでしてす。一番若い人で五十代です。一月のある日六十一歳のAさんが「二月九日が初午の日還暦の厄除けに同年配と松尾寺へお参りをします。その足で一泊の旅行にいきます」と話していました。私はその話しをきくとちょっぴり淋しい気持ちでした。やかて私も来年は還暦です。けれど私には一緒にお参りしようかと誘ってくれる人も、同年配さえいません。

私は九人兄弟の六番目です。私が物心ついだ時に父が兄二人と姉を連れて日本へ行っていませんでした。私が十一歳の時母が妹と弟二人と私を連れで父のいる日本へ来ました。日本へ来るとすぐ一番上の兄が私を連れで学校へ行きました。校長先生にお願いしましたが「年がおいから一年生は無りです。四年生から入学するように」と言われました。その時私は日本語がぜんぜん言えないし、友達もいませんし、学校へ行くのがこわかったです。毎日家の手伝や子守りをさせられました。

そして二、三年がすきました。ある日近所の子供が修学旅行から帰って来るのに会いました。私はその時にはじめて学校にいかながた事がくやしぐって家に帰ってなきました。

こんなむなしい人生を送る事は戦争のためだと思います。戦争がなければ自分の国をはなれ親兄弟がはなればなれにならなぐても暮らせたと思います。（原文ママ）

夜間中学に「学び」を求めてやってくる人たちのなかには、前述のような戦争や貧困によって学校に行けなかった人も多いし、中国からの残留日本人の帰国者やその関係者、それに義務教育の就学そのものを「免除」された「しょうがい者」もいる。様々な立場の人が集まって「夜間中学」をつくっていた。なかでも「うどん学校」の当時から夜間中学の雰囲気を醸してきていたのは、在日コリアンの生徒さんたちだろうと思う。

戦前に朝鮮半島から海をわたって日本にやってきた当時の植民地の人たちでその後も日本で暮らしている在日コリアンを尊敬の念を込めて在日1世という。

だが、在日の方をはじめ、夜間中学に通う人たちはすべて学校教育から取り残された人たちである。戦争や差別そして貧困の中を生きてきた人たちは、仮に経済的に自立が出来ていても人前で胸を張れない。惨めな思いと我が子への慚愧の念を持ちながら生きてきていた。とてつもなく長い間その苦労をしょい込んできた人たちにとって、「義務教育課程」として無償で学べる夜間中学との出会いは、まさに喜びだった。だから、苦労の果てにたどり着いた夜間中学を、大切に、本当に大切にした。

ただ、僕が夜間中学で勤務していた頃にはすでに、日本の財政状況は悪化してきていた。夜間中学のみならず地方自治体の多くは財政が困窮しており、福祉や教育は進まなくなっていた。それどころか経済効率という言葉が大義をもち、費用対効果が小さければ存在すら認めないような風潮が行政機関のあちこちで見られるようになった。

僕は、「奈良県夜間中学連絡協議会」のメンバーとして、奈良市や奈良県の教育委員会の方と教育条件について話し合う機会がたびたびあったが、どの要求もほとんど実現することはなかった。

夜間中学を設置している自治体以外から設置市の夜間中学に越境通学を認めている場合などは、生徒の通学その他の諸条件に新たに厳しい条件を付けてくるところもあった。

そんな時代だった。

夜間中学校の役割の一丁目一番地は、学校教育のセーフティーネットとして必要とする人に学びを提供することだ。昼の学校の生徒のように、当たり前に学校での学習を保障されている場合とは少し違う。もし何らかの事情で「教育を受ける権利」が制限されるようなことがあれば、その人たちが救われる装置が必要だ。それが夜間中学である。

だが前述したようにそれと同じくらい大切なことは、真に夜間中学を必要としなくてもよいような世の中をめざす教育運動だと、僕は思っている。なぜなら特に夜間中学校に関わる人たちは、この高学歴社会の陰で生きづらかった人たちの人生という「社会的財産」からこの社会の問題を吸収し自らも学び成長しているのだから、「学校」のあり方を通して次の世代の社会の向上に向けて返さなければ社会の進歩はないと思うからだ。そもそも夜間中学という運動は、再び「夜間中学を必要とする生徒」のいなくなる社会の実現をめざすことを目的に、学校の枠の外に自主的に作られてきたのだ。

文さんのことを少し書いておこう。

文さんは、その当時40代だった僕の倍くらいの年齢だった。

その1世のハルモニ（おばあちゃん）は言葉の違う日本に来て、日本社会でのいじめにあい、義務教育すら満足に修了できなかった。読み書きのできない生活は、どれだけプライドを傷つけられ、どれほど屈辱的だっただろう。でもそのなかで、家族を持ち、子育てをし、ようやく人生のひと段落が付いた60代になって、夜間中学に出会い、書くことのできなかった文字を学ぶようになったとして、それがどれほどうれしいものか、またどれほど悔しいものか、想像もつかない。

ひねでも生徒

文　今文

ひねでも　生徒と　いわれ
気分よく　通たが　いつの　まにか　年も　多く　くらい　道も　明く通り　帰りは　ひとつ　ふたつ　きえる　明り　毎日　夜は　大きな　バスを　私は　かしきる　友達と　別れる　時「文さん　気をつけてね」の
言葉に　はげみが　うれしく　思います。
先生の　教えを　頭に　残こし　月の　ひかりの　がけが　私より　元気で　動く。

文さんの一生に思いを馳せたとき、この詩の1文字1文字が、あたたかく、やさしく僕に迫ってくる。ひねとはもう卵を産めなくなった鶏の雌のことだ。そういう年になって夜間中学に通い、帰りは遅くなってたった1人バスに揺られる。バスの窓から見えるのだろうか、月が光が揺れている。

こんなに詩的で、こんなに美しい詩に僕は出合うことができた。

僕は夜間中学で、生徒さんからたくさんの得難いものを受け取った。

そして、学ぶって何だろう。学校ってなんだろう。学校の教員がなすべきことって、本当はなんだろう。

知らず知らずのうちに、そういうことを自分の中に息づかせていった。

文さんは、在学中に、他の生徒さんにふるまおうとしてよく、果物や朝鮮料理を持ってきてくれた。辛い辛いといってしり込みする教師を笑いとばし、「おいしいから食べてごらん」と言って笑った。困難を笑い飛ばして生きてきたハルモニ。それが文さんだ。キムチを「朝鮮漬け」といってにんにくの香りが日本人には受けなかった時代である。

まだ春日夜間中学校の草創期、文さんは通学中に買ったのか、学校で枇杷を食べ、その種を校舎の裏庭の一番隅に埋めた。僕が赴任したころにはそれが大きくなって、毎年たくさんの実をつけていた。教員は毎年春になると、そのたわわに実った枇杷をとり、教室で生徒さんたちとともに食べた。実は小さいが味はおいしかった。授業では文さんの書き残した作文を読み、味わった。

「これはむかしむかし、文さんという人が、口から出した種をそのまま植えたのがこんなに大きくなったんですよ」。そんな話をしながら、文さんの作文などを紹介する授業を展開した。

その枇杷の木は、最近学校の敷地内に実のなる木は植えないという、これまで聞いたことのないような理由で、すべて根元から切られてしまった。

愕然とした。

学校長の指示だったという。現場の夜間中学校の職員はどのように説明したのだろうか。それでも切らなくてはならないものだったのだろうか。

今の教育界を象徴的に表しているように思えた。

5　夜間中学運動

僕が夜間中学に勤めながら、自分自身も「作る会」を知ることを通して「夜間中学運動」の現場にいることを自覚した。そして、今の自分たちにできることはないだろうかと考えたら、目の前に大きな課題があった。

それは夜間中学校での長期の欠席者の存在だ。

大人の学校である夜間中学校は基本的に勉強したい人がやってくる。だが、それでも学校を休みがちになるというのは、それなりの理由がある。

そのころ春日夜間中学に在籍している生徒さんの半数以上は、「中国残留孤児」や「残留婦人」などの「残留邦人」とその家族たちになっていた。長期欠席者の多くもそうだった。

「中国残留邦人」とは、日本の国策によって生まれている。

日本は「八紘一宇」「五族協和」を唱え中国東北区に「満州国」を作り上げ、日本人に「満蒙開拓団」として移住することを奨励した。

僕の父も次男だったので「満蒙開拓青少年義勇軍」として旧満州に移住するつもりだったと聞いたことがある。戦争末期、ソ連軍の突然の対日参戦で大混乱となり、日本人は着の身着のまま、徒歩で、何日も何日も銃撃に逃げまどった末、集団自決する人も、逃避行中に極限の疲労と飢餓、伝染病などで死亡する人も続出するという悲惨な状況に遭い、この混乱状態の中で、肉親と生別、死別した幼い子どもが大勢いた。そのようななかで中国人養父母に育てられた12歳以下の人たちを「中国残留孤児」、13歳以上で中国人家庭に入った人たちを「残留婦人」、総称して「中国残留邦人」という。

中国残留邦人たちが戦後日本へ帰国することは、簡単ではなかった。1972年の日中国交正常化の後、帰国事業は行われたものの家族が一緒に帰国できるわけではなく、そのまま長い月日が流れた。

一方、日本では少子高齢化による労働力不足を見越して、外国人に労働力を求め、1991年の「出入国ならびに難民認定法」の改定をおこない外国人労働者の入国許可を緩和した。これにより1990年代の後半から、日本人との血縁のある外国人である南米移民の関係者や中国残留邦人とその家族たちが大量に帰国してきた。高齢化した1世だけは国費帰国だったものの、1人では生活できないため一緒に帰国してきた家族には、全くと言っていいほど国としての支援はなかった。

初めてやってきた日本では、仕事もなく言葉もわからず、家族一緒に狭い公営住宅に詰め込まれた。言葉のわからぬ日本でこの先どうやって生活するのか、とにかく奈良市と近隣の市町村に住むことになった帰国者やその家族は、春日夜間中学校への入学を望んだ。

夜間中学校側としてもこれまで中国残留邦人への対応の経験はあるものの、突如として急増した中国語しか話せない生徒さんに対応するため、中国語のできる講師を要請して対応したが、年々増え続ける中国からの生徒さんで一時はあふれかえることになった。

もちろん、夜間中学校は義務教育課程を履修するのであるが、生徒さんの実態に合わせればまず日本語の習得が不可欠である。中国からの帰国者の生徒さんたちは日本語の発音の仕方から始まり、生活者として必要な言葉や挨拶、そして日常会話の習得に励んでいく。実際に、慣れない日本で仕事や家事をしながら夜になったら夜間中学に通うというのは無理があった。次第に欠席がちになってしまう。

ただでさえ生きにくいバブル崩壊後の不況に加えてリーマンショック・世界金融危機により、社会の格差はますます深刻化していた。労働力は切り売りされ、大学を卒業した人でさえ就職するのに窮するようになっていた。ましてや外国人労働者はその最末端にいた。派遣労働等の非正規雇用の問題は広く世間でも知られるようになって社会問題化してきており、２００９年度に僕が春日夜間中学校の外国人生徒さんに就労実態調査をしたところ、正規雇用はわずかに２人、その他は全員非正規雇用であった。その日の仕事があるかないかわからないので電話の前で連絡を待つ生徒さん、収入が減ってバイトを３つも掛け持ちする生徒さん、失職した生徒さんもいた。中国からの渡日者で外国人労働者でもある夜間中学生は、とても学校に通学できる状況ではなかった。

これを昼の一般の中学生にあてはめると、「不登校」ということになる。

しかし、子どもたちが通う小中学校と大人たちが通う夜間中学校とでは、「不登校」のあらわれ方や支援の仕方が少し違う。大人たちは「生活者」である。昼の学校とまったく同じ物差しではかることはできないはずだ。しかし「義務教育」とはいっても年齢的には「超過者」である。「費用対効果はあるのか？」「税金を使って学校を運営しているのに、不登校生徒が多いとはどういうことか？」という疑問が生じ、それは「生徒は怠けているのではないか？」「やる気がないのではないか？」という偏見に満ちた発想も生まれてくる。

春日夜間中学の職員室でも、そのことについて何度も何度も論議がなされた。……「大人の生徒が生活設計をして家事をしながら学校に通えない実態はよくわかる。だからこそ、少しでも学校に来て学習を積み上げられるような教育サービスはできないだろうか、と。……

考えられることは、そう多くはなかった。教員が自宅に家庭訪問をして学習した日を出席日数にカウントできないか。いや、生活者である大人の家に長時間家庭訪問すること自体が負担になる。では、本人の都合に合わせて、通学しやすい時間に学校をあけてはどうか、例えば日曜日、など。

ともかく生徒さんの意見を聞かなければならない。1人ひとりに会いに行って面談した。

でも、「それなら学習します」という声まではたどり着けなかった。

彼らの生活の糧となる仕事は、日本語ができなくてもできる仕事だ。具体的には単純労働の製造業。夫婦共働きで、女性も同じような力仕事をする。一日中鉄を重さで分類する仕事だったり、漬物を袋詰めして運ぶだけのしごと。流れ作業の部品の組み立てなどだ。なかにはもう10年働いているが給料が上がることは一度もないと嘆いている人もいた。

汗にまみれてくたくたになって家に帰るが、帰れば子どももいるし、家事もある。たまの休みの日も、子育てや家事に追われ、暇があったら体を休めたいのは人情だ。

でもそんなとき、欠席日数が多いことで学校を除籍されるのを心配した、まだ若い生徒さんから「日曜日。来る。大丈夫」という返事があった。

即座に「じゃあ、次の日曜日から日本語の学習をしましょう。」ということになり、その言葉にすがるように、日曜日の補充学習が始まった。

２００７年、僕は春日夜間中学校の中に、もう1つの学習教室をつくった。それは、日曜日に開設したので「日曜学校」と言われた。のちに「ルーツを中国に持つ子と親の会　小草（シャオツァオ）」と呼ばれる任意団体になるものだ。教員は僕1人、日曜日に登校した中国帰国生が1人、マンツーマンでのスタートだった。

若い世代の生徒さんは理解も早く、日本で生活するのであれば日本語検定試験に合格すれば違う仕事があるかもしれない。そう考えて日本語検定試験の合格を目標にした。日常会話も日本語の読み取りも上達していくように思えた。

だが、日曜日とはいえ、毎週通うことができなくなってきたのだ。

その生徒さんは日本に来て同じ中国人男性と知り合い結婚して子どもができていた。その子が小さいときに突然夫の行方がわからなくなり、1人で子育てしながら生計を立てていた。夜間中学に通学できない期間が長くなり欠席が続くようなので、除籍を進めていた経緯もあった。

だから、その生徒さんが毎週の日曜日に学校に来ようとすると、小さな子どもを連れてこなければならない。

「だったら子どもさんも連れてきてください。面倒を見ます」と答えた。

そういえば、たしかうどん学校でも、連れてきた子どもの勉強も見てやるという事があったなと思い出した。

とはいえ、子どもの託児をしてくれる人はいない。

同僚の教員に応援を頼むと心よくひきうけてくれた。何回かそのようにして日曜日に学習していくうちに、中国から来ている留学生や夜間中学の教員も参加してくれるようになった。

生徒さんも1人だったのが、2人になり、3人になった。いずれも若い子育て世代だ。

子どもは主に小学校の3年生だった。

小学校の子どもたちが来るようになると、日曜日はかなり賑やかになった。

元気に遊ぶ姿が、あちらこちらで見られて、急に明るくなった。

子どもたちには、学校の勉強をみてやることにした。親はたいそう感謝してくれて、やっている側も活気づいてきた。だが子どもたちは元気がありあまっていて、勉強をしようとしてもなかなか思うように進まなかった。

実はその子どもたちが持たされていた課題がまた深刻だった。

6　編入児童と日本生まれ児童

日曜学校が始まる10年以上前の中国からの帰国者ラッシュの当時、つまり1990年代後半から2000年代、親に連れられて日本に来た子どもたちも多くいた。子どもたちは日本語もわからないままに、それぞれ地元の小中学校に編入した。受け入れ先の学校では中国語しか話せない児童生徒に教えるためのノウハウも専用の教科書もなく、また中国語のできる先生がいるはずもなく、担任をした先生たちは目の前にいる子どもたちにどうしていいかわからず困りはてた。だが、いちばんつらかったのはその子どもたちだっただろう。

その子どもたちを「編入児童」と呼ぶ。

彼らは、中国での暮らしが嫌でやってきたのではない。また自分の意志でやってきたわけでもない。ただただ親や家族の都合である。おばあちゃんが戦争当時の残留日本人で、などという理屈は難しくて、親もまともに説明していなかった。単なる旅行か何かだと思って飛行機に乗って、着いた先が日本という国だった。

旅行だと思っていたはずが、日本の学校につれられて、言葉のわからない環境に放り込まれても、その愚痴も気持ちも聞いてもらえなかった。「なぜ?」「どうして?」という疑問や腹立たしさを感じていたし、日本社会で受ける「外国人扱い」に怒りを持つことや人間の優しさや冷たさも人一倍感じた。

学校の先生方も日々奮闘したが、子どもの気持ちが理解できるほどの能力はなく、近所に外国人支援のボランティア団体があれば、そこがかろうじて彼らの居場所になった。

親はといえば、働きづめに働いて夜になっても残業で帰ってこない。見知らぬ国で働く親も大変なストレスだっただろうが、子どもたちもひたすらそれに耐えた。なかには慣れない日本での生活のストレスに耐えきれず、反社会的な行動を起こす子どもも出てきた。

このような外国人に関わるニュースが報道されるにつけ、外国人バッシングは社会問題化していったという歴史がある。

だが、僕たちが「日曜学校」を始めたときは、そのタイプの「編入児童」たちの世代はすでに成長しており、もっと幼くて記憶もはっきりしなかったときに日本に来たか、あるいは日本で生まれたという児童生徒たちが中心だった。保育園の頃から日本で過ごしているので言葉の面では日常生活で困っているとは思えない。家の中では親と中国語で会話をしているというのが信じられないぐらいだ。この子たちを「編入児童」に対して「日本生まれ児童生徒」と呼ぶ。

「日本生まれ児童生徒」たちは、日本語に不自由がないようには見えるが、実は複雑で「編入児童」とはまた違った課題を持っていることを、僕たちは人権教育推進教員どうしの交流を通して小学校の先生から伝え聞くことになる。

奈良市には1960年代に「奈良市同和教育研究会」という教職員が立ち上げた教育研究団体があった。「今日も机にあの子がいない」という子どもたちが見せる「長欠」や「低学力」を差別の実態としてとらえ、同和教育・人権教育を推進していくことを目的にした研究団体である（現在は奈良市人権教育研究会と名称を変更）。

春日夜間中学校の人権教育推進担当は松田秀代さんで、長年夜間中学に勤めており、生徒さんの家族のことはよくわかっていた。その松田さんと校区の小学校の人権教育推進教員とが交流を深めていった。小学校教員の玉浦勝康さんもその1人で、その10年以上前から「編入児童」の受け入れで言葉のわからない児童を教室に受け入れるため、様々に取り組んできた経歴を持っていた。そういう教員たちが人権教育を通した交流の中で、小学校でさまざまな課題を見せている児童の中に、春日夜間中学校の生徒さんの親族や家族が多く含まれていること知るようになった。つまり、日曜学校に来ている子どもたちは、小学校でもさまざまな課題を見せていたということだ。

僕たち春日夜間中学校の教員と校区の小学校の先生たちとは、定期的に情報を交流する機会を持つようにし、少しでも生徒さんと児童の理解に努めた。

課題を抱えている子どもたちの背景にはそこに至るまでの歴史や政治があり、そのとき課題の中心にいたのは「日本生まれ児童生徒」だった。

同じ外国籍の児童と言っても「日本生まれ児童」は「編入児童」のように言葉ができないわけではない。むしろよくしゃべる。

だが、交流の中で小学校の先生から聞かせてもらったのは、子どものなかには暴力的な言動が目立つ子もいることや、友達に中国のことを言われてトラブルを起こすケースがたびたびあり、そのたびに双方にも指導するし全体にも指導するなど苦慮している様子だった。またおとなしくして静かな子どもの場合には特に学力的にも授業についていけていない子もいた。

他にも、家庭への連絡が言葉の問題もあってうまくできなかったり、できてもこちらの話すことがわかっているのかいないのかよくわからない。学校での生活についての注意がされていないし、親ももう少し子どもにかまってあげられたらいいのに、という具合だ。

さらに子どもたちは自分の親を否定的にみているように思えるという。友達との会話のなかでは、親が中国人であることや中国語を話していることを隠す。先生が聞いてみると「お母さんは中国人と違う。日本人や」と言ってみたり、逆に「お母さんは中国人やけど僕は日本人だ」と言うそうだ。

小学校の先生の話を聞いて、僕らは衝撃を受けていた。

逆に僕たち夜間中学校からは、子どもたちの祖父や祖母が残留孤児や残留婦人で、中国でどんな暮らしをしていたか、僕らが知っていることを伝え、交流した。子どもの親たちがどのように仕事をしてどのように夜間中学校で学んでいるか、を伝えた。

その親が、人間的に問題があるとは到底思えなかった。むしろ大変親切で礼儀正しかった。

小学校の先生方は悩みながら家庭へのアプローチをしたり、学級集団の中にどのような出会いの場面をつくれば、課題を抱えている児童たちにも活躍できる場をつくっていけるのかと考え実践していた。しかし、親が話す日本語は学校の先生にはうまく伝わらず、学校の先生のことばも親に伝わっているとは思えなかった。

親の願いが深く理解できないと、子どもの見せる行動の原因は「親の愛情不足」「子どもの能力不足」と片付けられてしまうことがある。だが、このような交流によってより深く理解することによって、生徒さんや子どもたちの願いや思いを共有できた点が成果だった。

親は、学校に無理解なわけでも子どもにたいして放任しているわけでもなく、それどころか何よりも大事にしているのは子どもの躾や学力向上であり、同時にもっとも心配しているのは自分の子どもたちの将来の事だった。自分は仕事や家事で精一杯ながらも、子どもには日本社会でうまく生活ができるようにと学力をつけさせることにやっきになっていたし、躾も厳しくしていた。しかしなにぶん日本語が十分ではない。日本人には当たり前の学校の習慣もわからない。気持ちは焦りに変わり、空回りすることもあった。

だがそれ以上に「日本生まれ児童」が実は大きな困難を抱えていたことを、僕たちはその時にはまだわかっていなかった。

7　日本生まれ児童

それにしても、なぜこの「日本生まれ児童」たちは総じて多くの課題を抱えているのだろうか。僕たちは不思議でならなかった。

子どもたちの日本語の能力は、親のそれと比べると段違いによくできる。日本語で冗談も言うし日本語でけんかもする。なのにいざ問題を解くとできない。決して理解力がないわけではなさそうだが、やってみるとできない。

かつて「うどん学校」のスタッフたちは、「生徒さんたちに何かできることはないだろうか」と思ったに違いない。でなければ無報酬のボランティアで生徒さんの支援などはしなかっただろう。まさしく「自由」と「自主」の発想だった。

同じように、小学校と交流している日曜学習のスタッフたちも、子どもたちの課題をこのままにしておいてはいけないと感じており、「その親や子どもたちに、何か協力できないだろうか。一緒にできることはないだろうか」と考えた。

僕たちは、多文化多言語を生きる子どもたちについて調査考察した大学教授たちの先行研究を調べたり本を読んだりした。

そのなかで、2つの言語の間を生きている子どもの状態をあらわす言葉にぶつかった。「バイリンガル」これは複数の言語を同じようにつかいこなせること。「モノリンガル」これは1つの言語しか使えていない状態をさす。そんななかで「セミリンガル」ということばを知った。複数の言語を使うが、そのどれも生活年齢のレベルの言語に達していないという意味だ。しかしその言葉は誤解を招くので今は使用しない。子どもたちの潜在能力は高く、これから大きく伸びていく可能性も高い。

1つひとつ調べていくうちに、日曜学校に来る子供たちの姿と重なる「一時的ダブルリミテッドの状態」という言葉にゆきついた。2つの言語環境にいると、一時的にその両方の言語ともに生活年齢に達していない状態が起こる。言語の習得が進むにつれて解消されてゆくので「一時的」だ。抑えられているので「リミテッド」という表現になる。複数の言語を学ぶことで、実はともに発達を促進しており、学習を続けていくうちに大きく成長する。だが一時的には認知力が低く見えるというものだ。

「日本生まれ児童」が学校で話している日本語は保育園以後の生活の中で獲得してきたものだが、生まれた時から家庭で使われているのは中国語である。日本語の中で育った子どもは、日本語であやされ、日本語の絵本を読み聞かされ、日本語でお話を聞きながら眠ったことだろうが、彼らの多くは乳飲み子の頃から同じことを中国語を聞きながら育てられていた。

教室での学習は目に見えるものや文字から好奇心や想像力をふくらませる事が重要である。学校での生活において重要なウエイトをしめる友達関係においても、相手の感情や言動の心理作用まで、瞬時に分析して行動しなければ円滑な関係を保てない。家庭内では中国語で育てられ、家庭をでたところで日本語を獲得してきた彼らは、複雑な思考を中国語か日本語か、どちらの言語を使って行っているのだろう。

生まれてまず獲得し、生活の中心として使われる言語を「第一言語」という。僕の場合なら日本語が第

日曜学校

一言語で、知らない間に日本語で考えをまとめ、日本語を反芻している。日本語を使って思考するので、第一言語は「概念言語」でもある。

小学校でも4年生ぐらいになると、身近なものから抽象的なものに対象が広がる。その時の学習は、様々なできごとを、分析し、組織化し、論理的にまとめる概念作用である。例えば「時間×速度＝距離」を使って問題を解く、みたいに。

彼らの場合、第一言語が確立して、それが抽象的な思考をするに至るまでの間に第二言語の日本語が生活の中心となったのではないか。かといって中国語ができるかというと、決してそうではない。親子の会話に使う程度、つまりご飯は？ 宿題したか？ などの程度の生活レベルであって、2つの言語ともに生活年齢に達していない。

そのような場合、そのことがさまざまに影響しているのでは、と考えるのにそう時間はかからなかった。また、アイデンティティーの欠如が彼らの精神の安定に良い影響を与えないだろうことも、疑いようがないように思えた。

即座に「日曜学校」のスタッフで話し合い、子どものいる生徒さんに「次の日曜日から、子どもと一緒にきてもいいですよ。小学生の勉強も見ますよ」と促した。生徒さんはとても喜んで、それからは子どもたちも日曜日に来て、夜間中学校で勉強するようになった。

すると子どもたちが在籍している校区の小学校の先生も来てくれた。そのなかで一番に来たのが以前から人権教育担当で夜間中学とも交流のあった玉浦勝康さんである。気持ちの温かい、そして冗談が好きで子どもや保護者から親しまれている先生だ。子どもたちが日曜日に学習していると聞くと、駆けつける熱い先生でもある。これ以後ずっと活動を共にしてきている。

1人の生徒さんとのマンツーマンの学習から始まった日曜日の補充学習は、親も子もひっくるめた「日曜学校」になって参加者が増えていった。もはや夜間中学に在学する生徒だけではなく、夜間中学からも除籍された人や卒業した人からも、日曜日になら子どもを連れてきたい、と要望があった。夜間中学からもこぼれ落ちた人が、再び「夜間中学校」の枠をこえて一緒に学習を始めた。

実際に始めてみると、子どもたちの様子がよく見えるようになってきた。

ある児童は、明らかに学校での学習についていけていないだろうと思えた。読みがたどたどしく、教科書の物語を音読するのが大変だった。高学年になってもカタカナの表記が不正確な子どももいた。算数でも計算問題はできても文章題になると理解ができなかった。

またある児童は言葉も態度も乱暴で、教室の中で落ち着くことができなかった。彼の話す日本語は、語尾に「死ね」などの暴力的な言葉がついて飛び交っていた。

親は子どもの言語的な変化にとまどいと焦りを感じ、無理に日本語で子どもと会話しようとする。しかし子どもの使う日本語をとっさに聞き取れず、そのことで落胆したり、親が中国人だから子どもの学力が伸びないのではないかと自分を責めたりする。

またすでに学校で起こったことを親に説明するのに、言葉で言えずに簡単な絵文字を書いて感情表現をする子もいた。

年齢とともに親との会話が不十分になった子は、親の話す中国語がわからず、親との会話が成りたたなくなっている子もいた。第一、親の名前を知らない子どもが多かった。親が中国語を話すことをカッコ悪いという子もいたし、やがて親が中国人であることを嫌い、自分は日本人だと言うようになる。親が学校の様子を問いただしても、言葉の意味がわからないのと親からおこられるのとで耳を塞いでしまう子がいるということもわかってきた。

子どもたちは、日本語を必要としない単純労働で疲れ果てている親の姿を尊敬しなくなる。日本人のように日本語をぺらぺらしゃべる親であってほしいと反発する。

おとなしくしている子どももいたが、それは学習内容を理解しているのではなく、理解していないことを隠して時間が過ぎるのを待っているだけだった。わかっていなくてもわかった振りをしてごまかすのは、いつも学校でそうしている証拠で、スタッフがマンツーマンでみていないとそのこともわからないくらい巧妙にわかったふりをして決して注目されないようにしていた。研究者はそのような状態を「周辺化」と呼んでいた。

すべてがうまくいってないように思えるし出口がみつからないのに、それを誰かに言う術もなかった。痛みを感じながらも、痛いことを「痛い！」とも言えなかった。いや、その「痛み」が何なのかさえわからずにいる子どもたちもいた。

以前に聞いたことがあることば「他の日本人もたいへんだし、中国の子だけを特別扱いはできない」という言葉や、「原因は親の愛情不足」や「子どもの努力不足」だという言葉が思い出された。深く理解するということがいかに大切なのか、またしっかりした理論のない取り組みが、ただの教員の思い上がりでしかない場合があることも改めて感じていた。

8　親の思い

一方で子どもたちが学習している間、親どうしが集まってもらってあれこれ話を聞いてみた。日本におけるマイノリティーとしての中国人たちからみて、自分の子どもの状況をどう思っているのか、何に悩んでいるのか聞き出すためである。

すると、当たり前だが、親たちは親たちで切実に悩んでいることがわかった。

○親の話す言葉は中国語で、子どもたちが学校で話しているのは日本語です。日本人の親子であれば簡単に伝えられることが、自分たちには難しいことが多いです。学校などで「やってはいけないこと」など、注意しなければいけないことがあっても、日本語が不十分である親にはしっかり注意ができないでいます。だから子どもたちは親からの注意が伝わらない状況の中で、「やってはいけないこと」の修正ができないまま学校生活を送ることになっています。

子どもが学校のルールを守らずに注意をうけることがあるが、その経過を親にどれほど正確に伝えられるだろうか。子どもに対する日本語の支援もさることながら、親としてのもどかしい思いをしっかり受け止められない実態がここでも浮き彫りになっていった。

○また、子どもたちは学校であったいろんなことを親に話しかけてくれます。うれしそうに話してくれていても、子どもの話す日本語は、親にとってすぐには理解できません。「もう一度言って」と子どもに言うと、「もういいわ」と、子どもは話すのを諦めてしまいます。子どもは言いたいことも、言葉の問題から親に話すことを諦めてしまうのです。それが、親の日本語の力によるものだと思うたび、本当に悲しいのです。私たち親にもストレスがたまりますが、それ以上に子どもにはストレスがたまっていくと思います。

僕にも思い出がある。小学校から帰ったらその日の出来事を台所で夕飯を作っている母親の背中に向かって、ずっと話しかけていた思い出だ。時折振り返って聞き返す母はいつも笑みを浮かべていた。外国から来た母子は、その豊かな時間を過ごすことも困難である。

○学校では、子どもたちの呼び方について、男女ともに「さん」付けで呼ぶようにしているようです。これは男女を区別することにならないようにという配慮のあらわれだとは思うのですが、それはそれで大事なことだとは思います。でも、それは表面的な変な平等意識ではないかと思うのです。実際に、子どもや親の日本語の不十分さは、学校生活を送る上で著しく平等を欠く状態だと思うのですが、それには目を向けようとしていないのではないかと思うのです。

この、「不平等だ！」という批判を、外国にルーツを持つ母は、いつ、だれに向かっていえるのだろうか。

○学校での懇談では、先生は「がんばってますよ」「大丈夫ですよ」と言ってくれます。でも、親は「何をがんばっていて」「何が大丈夫なのか」が分からずに不安な中にいるのです。学校での参観では、子どもたちの基本的な学習姿勢ができていないと思います。勉強ができるできないの問題ではなく、先生が話をしているときはしっかり話を聞くという基本的なことができないようで、まともな大人になれるのか、不安でたまらない気持ちになります。

子どものことをもっとしっかり教えてほしいと思いますが、先生も細かいところは伝えられないのでしょう。通訳の方が入ることで、言葉の問題では不安を少しは軽くすることができると思います。でも本当の問題は、通訳の方がいるかいないかではないのです。ちょっとゆっくり聞こうと思って聞いてくれれば話せることもあるのです。聞こうとする姿勢があるかないかなのです。

もっと子どもに関りたいと思っても、学校からの情報が十分でないと感じる親が多い。教師は親に心配をかけまいと考えるが、親としてはちゃんと心配したいのだ。

○子どもは就学前には中国に対してプラスのイメージを持っていました。現在ではマイナスのイメージを持ちつつあります。学校でけんかをすると「おまえ中国人やろ」と言われることもあるようです。家に帰ってきてそれをいうので、「中国人でなにがわるい?」と聞き返すと、子どもは「中国人は悪い」と答えたのです。マスメディアから発信される情報の影響も大きいです。そして「あなたも半分中国人よ」というと「僕は日本人だ」というのです。悲しいですね。中国に対するマイナスイメージを払拭するためにも中国のよいところ、すばらしいところを教えていきたいです。

○　子どもにとって母語であるはずの中国語を将来忘れていたり、話せなくなったりした時、親はとても後悔するだろうと思うのです。なぜ子どもに中国語を教えられなかったかと後悔し、子どもが中国語を話せないことにつらさを感じると思うのです。現在、中国語で話す環境が少ない中、「小草」での活動は本当にうれしいです。私たちは、子どもたちのために一緒にがんばっていきたいです。

まず、ピンインから

「日曜学校」は、夜間中学校の延長線上にあって同時に市民運動の面を持つという特性を生かして、現代の子どもたちの一面を最先端で吸収し、発信する場になった。

活動も広がりを見せ、2年目を迎えた2009年ごろになると参加する子どもや親、それにスタッフを加えて、30人近くになっていた。

9　任意団体

悩みも多かった。スタッフの確保や運営するための費用も課題だった。また、落ち着かない子どもたちに対して、一週間に一度の集まりで何をどうすれば効果があるのか。親と連携するにはどうすればいいか、なども悩ましかった。

しかし一番考えなければならないことは、自分の親を否定しているこの子たちにとって、今何が必要かという事だった。

結論から言うとそれは「母語」であり、親の言葉や文化を継承する「継承語」としての「中国語」ではないかと考えた。それは同時にこれからの彼らに必要で、また将来にわたって財産となるはずである。中国語なら親が子どもに教えることができるし、親が子どもの先生役になれる。その先生役ともなれば、自分たちの尊敬に値する。自分たちのアイデンティティーを確立するものともなる。

「中国語の学習」はそのすべてにあてはまるのではないだろうか。

そのことを親たちに話してみたところ、どの親も賛成してくれた。子どもたちにも意図を話して了解してもらい、これからの日曜学校での取り組みに組み入れることにした。

とにかく「自主」と「自由」の精神でやり始めた。だが、中国語を教えることは誰にでもできることではない。初めは夜間中学で日本語を教えている中国の先生がその役割を引き受けてくれた。

新しいことを始めるとまた新しい出会いがある。いわゆる１９９０年代の「編入児童」で子どもたちの親戚にもあたる李くん・韓くんとの出会いだった。李くんも韓くんもその頃は大学生だった。奨学金とアルバイトで学費・生活費をまかなっていたが、日曜日になると来てくれるようになった。

マイノリティーは社会的に弱い立場に置かれる。それを克服するためにも、子どもたちの中国語学習の時間を充実させていかなければならない。そうは思っていたが、これを彼らが通う昼の小学校に求めることは不可能だ。

母語学習を指導するパパやママ

学校教育という資源は、とてつもなく大きく、その影響力も同様である。しかしそれでも学校だけで解決できない問題も山積している。

でも愚痴を言っていても何も前に進まない。そこに気づいた者が、できることから始めるしかない。

それに誰かにやらされているのでなく、自分たちで創意工夫していく営みは、楽しい。

教員にとっての「自主と自由」はそのまま「やりがい」と「楽しさ」になる。

僕たちは、この活動を市民運動団体として、2010年末までに立ち上げる決心をした。

僕たちの住んでいる地域社会が、マイノリティーの持つ「ちがい」

に対する尊敬の念を持ち互いに尊重しあえる社会になるための、ほんの少しの手助けができたらと思うこと、そういう風に思える仲間が近くにいて力を尽くせることが、楽しかった。

また学習の面だけではなく、ここがマイノリティーのコミュニティーとなり、みんなの拠り所、居場所になればと考え、冬は餅つき、春は花見、夏はキャンプ、秋は遠足と行事を企画してお楽しみも増やしていくことにした。

現代における「夜間中学運動」だった。

「日曜学校」の名称は新しく考えた。会則もつくった。役員も選任しなければならなかった。2010年12月にむけて、あわただしく準備を始めた。

名称は「ルーツを中国に持つ子と親の会　小草」である。小草は中国語で「シャオツァオ」と発音する。李くんや韓くんが名前を考えてくれた。李くんや韓くんが子どもの頃中国ではやった歌やアニメに同名のものがあったそうでそこからとったのだそうだ。

「わたしは、花のような香りもなく、木のように高くなく、ただの名もない草だ。けれども、ちっともさびしくないし、悩むこともない。それはなかまが周りにいるからだ。春風や太陽のおかげでここにいるのだ。山や川がわたしを育ててくれて、大地が母親のように抱きしめてくれる」という意味の歌詞で、マイナーな曲調で、聞いていると心にじんとくる。

ルーツを中国に持つ子どもたちをこの「小さな草」になぞらえ、愛情を一杯受けて健やかに育ってほしいという想いがぴったりだった。

小草

没有花香　没有树高　我是一棵　无人知道的　小草
从不寂寞　从不烦恼　你看我的伙伴　遍及天涯海角
春风啊春风　你把我吹绿　阳光啊阳光　你把我照耀
河流啊山川　你哺育了我　大地啊母亲　把我紧紧拥抱

私たちはこの活動を、「マイノリティーで弱者である中国からの帰国渡日者に日本人が一方的に助けてあげる活動」にしたくはなかった。今はまだそうでなかったとしても、いつかはマイノリティー自身がこの社会で胸を張れる、当事者自身の会になっていくべきだと思っているし、そのための協力を彼らと一緒にしたかったのだ。

２０１０年12月19日、「ルーツを中国に持つ子と親の会　小草（シャオツァオ）」（以後「シャオツァオ」）の結成総会は、多くの賛同者が集まってくれて感動的に盛り上がった。

記念文集のなかで代表の奈良教育大学の准教授（当時）の渋谷真紀先生は次のように記している。

このたびは、皆さまとともに「小草」の立ち上げを喜び合えますことを、たいへん嬉しく思います。この場を借りて、なぜ私が「代表」などという分不相応な役をお引き受けすることになったかについて、お話ししたいと思います。

　９月のある日、田村先生が私の研究室にいらっしゃり、奈良市に住む、中国にルーツをもつ子ども達の「日曜学習」について、ひとしきり説明をしてくださいました。なるほど切実な課題に対応する貴重な実践だと、頭の下がる思いで聴いておりました。すると、先生は、こともあろうに私に、代表をやれとおっしゃるのです。強い意志と確かな経験に基づいて、自主的な活動を続けていらした先生やそのお仲間達を差し置いて、なんで私なぞがと身の縮む思いで、私は大いに戸惑いました。

　田村先生が帰られた後、残していらした「春日夜間中学の小さな窓から見えること」というエッセーを読みました。そこには、「日曜学習」のようすやそこに集まる人々の思いが、生き生きと描かれていました。そして、私は思いました。「私のできることはなんだろう」と。

　実は、私は、田村先生とのこの一件の前に、とても印象的な作文に出合っています。高校生だった李洋さんの、「親の想い」です。全関西在日外国人教育ネットワーク主催のこども作文コンクールの入賞作品として、『ちがうことこそすばらしい！』に載っています。思春期のひりひりするような感性と強く握られたこぶしに、私は胸が熱くなりました。その彼が、仲間とともに「日曜学習」で子ども達に中国語を教えています。曲がりなりにも、教育を生業にする私は思いました。「私にも、すべきことがあるだろう」と。

　そうして出かけた「日曜学習」で、私は、大きく笑い、愛らしくはにかみ、時にもどかしく身をよじる子ども達に出会いました。スタッフ会議では、家庭で中国語を教えようとしてもなかなかうまくいかないというお母さんが、「先生の言うようにします」と切実に訴えていました。やんちゃ坊主と手探りのカリキュラムに格闘中の青年達が、「子ども達にひとつでも学んで帰ってほしい」とつぶやいていました。

私は、複数の文化を体験しながら育つ子ども達の教育やアイデンティティについて研究している、大学の教員です。スイスでは、自分達で立ち上げた教室で手作りの教材を使って子ども達に日本語を教えている、日本人のお母さん達にお会いしています。浜松では、ひっきりなしに職員室を訪れる日系ブラジル人の子ども達に対応し、彼ら彼女達の学習と生活を支えている先生を存じ上げています。私は、本を読み、研究会に行き、さまざまな実践を見、いろいろな方のお話を聞きながら、多文化の共生できる社会について考えていくことが仕事です。そんな私にも、「日曜学習」という場で、なにかできること、すべきことがあるだろうと考え、僭越ながら大役をお引き受けさせていただくことにしました。

シャオツァオ結成総会

「日曜学習」は今、「小草」という素敵な名前を得て、元気な産声を上げようとしています。ひとりひとりの力は小さいかもしれません。けれども、そのことを逃げ口上にせず、むしろ、力を合わせるきっかけにしようではありませんか。私がこの会に集う仲間達に教わったことは、まずはこのことです。「小草」に集まる若者達、保護者の皆さま、先生方、そしてなにより、子ども達に、大いなる敬意を表しながら、私も私にできることをしていこうと思います。どうぞよろしくお願いいたします。

10　子どもの事件

任意団体ながら市民運動団体として立ち上げたのには、もう1つ理由がある。僕らが団体を結成した２０１０年は外国人児童・生徒にかかわる大きな事件が連続して発生していた。

7月に兵庫県宝塚市で起こった放火殺人事件は、逮捕されたのがその家に住む15歳の少女だったこともショッキングだった。少女はブラジル人の養父としっくりいかず、実の母親に反感を持っていた。事件によって母親は死亡し、養父は重体、妹も重傷を負った。凄惨な事件だとスキャンダラスに報道されたが、犯行に及んでしまった少女の背景にある孤独感や絶望感、日本社会における外国人のおかれている立場について語られることは少ない。

彼女はブラジル国籍で、４歳で来日していた。母は日本語を片言しか話せず、少女はポルトガル語を使えない。親子でコミュニケーションを取ることは年々難しくなっていた。それがどんなにストレスになっていたか、計り知れない。また、少女の日常会話は日本語で話されていたものの、学校での難しいテスト用語は理解できず教科書を読めないため授業を抜け出すこともあった。「ブラジルへ帰れ」といういじめもあったという。それでも表面的には日本語に不自由がないように見えるし何より日本在住期間が長いため、兵庫県の「子ども多文化共生サポーター制度」からも対象外であった。

さらに10月、度重なるいじめによって、群馬県桐生市で小学生の女児が自ら命を絶つという事件があった。いじめは女児が5年生の時、授業参観に来たフィリピン人の母の容姿についての悪口から始まり、6

年生になり、無視され、孤立し、欠席も目立つようになった。校外学習には出席したが、「こんなときだけ来るのか」と同級生に言われたその2日後、母に贈る予定だった手編みのマフラーで首をつった状態で発見されている。このいじめ自殺の背景には民族差別がはっきり見える。

続けて、２０１１年1月、神奈川県小田原市で中学1年生の女子生徒が音楽室で、同級生の女子生徒を切り出しナイフで切りつけ、約1週間の軽傷を負わせていたことも報道されている。女子生徒は調べに対し、「父親が韓国籍であることをなじられた。脅せばいじめがなくなると思い、ナイフを持っていた」という。

以上のような事件は、異なるものに対して差別・排外、または同化をせまる社会が、民族的・言語的にマイノリティーの子どもたちにとっていかに暮らしにくいものであるかを物語っていた。そしてこれらの事件と僕らの目の前にいるシャオツァオの子どもたちと、重なっている部分があまりにも多くあった。

在日外国人のなかでもっとも多くを占めているのは中国籍の人である。その中国について、朝日新聞が当時行った世論調査がある。その調査によれば、「中国に親しみを感じない人」は77・8％にのぼる。連日にわたって尖閣の問題が声高に叫ばれていた時期だが、このことが中国にルーツを持つ子どもたちにどのような影を落としているか、日本社会は感じているのだろうか。もちろん彼・彼女を守り育てようとする家族にとっても、である。

結成の翌年、２０１１年3月11日、日本に未曽有の大災害が起こった。

その被害の深刻さは、僕がかつて見たことのない規模だった。

原発震災がこれほど深刻な影響をもたらしたことも、恐怖だった。

そして、震災後にやたら「日本」「日本」と連呼するメディアが、僕には大いなる「違和感」だった。

「日本人は暴動を起こさない我慢強い民族」

「日本人は災害時でも冷静で秩序を守るすばらしい民族」

「日本は団結しよう」

「日本がんばれ」

「にっぽん」「にっぽん」……

この日本社会へのまなざしがどの視点からのものかで、見える景色はずいぶんと違うように思う。日曜日のたびに会う彼・彼女らはこの「にっぽん」の範疇にはいない。そこに存在していることが配慮されているようには思えない。

この大震災・原発震災は、マイノリティーという視点からはどんな景色に映っているのだろう。

当然のことだが、被災者は日本人だけではない。

それぞれが自分の名前を持つ1人ひとりの個人であり、改めて言うまでもないが、大切なのは被災されたすべてのお1人お1人がこの天災としての地震津波・人災としての原発災害から1日も早く立ち直ることであり、また、これからの社会のエネルギー問題を根本的に見直すきっかけにし、将来の子ども達に持続可能な社会をつくることが課題であるはずだ。

持続可能な社会は、否応なく多文化・多言語の人々が共生できる社会でなければならない。それなのに災害のような危機に瀕すると、ことさらにその「日本人」と強調し、ナショナリズムをあおる。さらに、そこに異を唱えることのない状況に、僕は激しく違和感を覚えたのだった。ルーツを外国に持つ方も同様に被災し、言葉のわからない不安の中で暮らしていたはずだ。マイノリティーからの視点を持つメディアになかなか出合えないのが寂しい限りだった。

原発について言えば、日本語がわかる者でさえ目に見えない放射能の被害が怖く、情報が信用できずにいるのに、言語的マイノリティーはどのように感じていただろうか。

立場を代えて考えてみる。

もしあのような原発事故やその後の東電・政府の対応が、隣の中国で起こっていたなら、日本のメディアはどのような報道をしていただろうか。

その光景が容易に想像できるのが、また怖い。

毎週日曜日に日本語と中国語を学びに来ている「小草」の親子はその時にどのように感じるのだろう。ここに東日本大震災から2か月ほどした2011年5月に、子どもたちが書いた作文がある。どれも無邪気で、日本社会のありようについて述べたものではもちろんない。当たり前に自分のことを書いているだけなのだが、普段マイノリティーの存在に目が向いていないと、そうは思わないかもしれない。その無邪気さゆえにもしもこの作文が皆にプラスイメージで受けとめられなかったとしたらこの子はどんな顔になるだろうか、と。

ぼくは、日本で生まれた中国人です。ぼくのお母さんとお父さんは中国人です。お母さんのお母さんは中国で住んでいるので中国に何回も行きました。

ぼくは4年生の夏休みにお母さんと弟と中国に行きました。おばあちゃんと会えるのが楽しみでした。タクシーに乗っておばあちゃんの家に行きました。やっとおばあちゃんに会いました。おばあちゃんはごちそうを作ってくれました。ぼくはそうじをさぼって、おばあちゃんにおこられました。「ちゃんと手伝わないといい子じゃないよ」と教えてくれました。おばあちゃんはやさしくて親切でたまにはおこったりするけど、ぼくはおばあちゃんが大好きです。

おばさんとおじさんがプレゼントを買ってくれました。遊園地や海遊館もつれていってくれました。1ヶ月後にぼくは学校が始まるから日本に帰らなければなりませんでした。飛行機で「もうちょっとおばあちゃんといたかったな」と思っていました。でも大丈夫、またこんど会えるから。そして、今年の夏休みに家族で中国に行くことになりました。大好きなおばあちゃんと早く会いたいです。

11　アイデンティティ

中国は嫌いだと書く子どももいた。

圧倒的なマジョリティーである日本人が日本語で暮らす社会のなかで、知らない間に、中国を否定することで、この子はバランスをとっていたのだろう。

中国はきらいです。中国人は道にゴミをほかしたり、みせはりょうりやできゅうにりょうり人がきゅうにいなくなったりしてまう。りっぱなホテルがないと思います。

いつも中国ごですが、日本ごも多いです。春休みにたいせい（親戚の子ども）といっぱいあそびました。家で中国語どういうかわからないときに日本語を使います。１年で6日いて中国へ行きました。前半まで中国にいました。

○○（小学校）で休み時間ですわっています。ほんとはサッカーしたけどできないから教室います。本を読むのがすきです。サッカーでてきが来てかわすのがすきです・なかがいい人は3年1組に1人で3年2組に1人で合計2人です。バンビでサッカーをします。（名前は仮名）

サッカーをしたいがどうしていいかわからず、教室に座っている姿が浮かぶ。

ぼくは日本でうまれました。ぼくは中国語はしゃべれないけど日本語しゃべれる。でも自分が言いたいことはぜんぶしゃべれないです。あい手がいらんことをゆってきたらいいかえす。で、またあい手がいらいらしてぼうりょくするとぼくもぼうりょくします。

2年生の時、友だちにいらんことをゆわれたことは「岩のり」といわれました。たんにんの先生にいって先生が「ほっときなさい」てゆわたから「ほっときます」っていってほっときました。でいらんことをゆてきた人はぜんぜんゆいにきなかったです。

ぼくは中国のことはきらいです。なんでかというと中国語わからないからきらいです。でも、もしわかったらすきです。ぼくはこれからべんきょうします。よろしくおねがいします。日本語はがんばります。

子どもは決して愛くるしいだけの存在ではない。時に残酷で残虐な言葉を浴びせる。教室に入ってきた子が、言葉のわからない中国人だった時、どのような反応があるのだろうか。

ぼくは小学校に入学する前に日本に来ました。日本に来た時は日本語がぜんぜんしゃべれませんでした。日本の人は何を言っているかがよくわからなかったです。

日本の小学校に入学をしたとき学校の同級生に「日本語がしゃべれんからほっとけ」と言われました。すごくかなしかったです。なぜなら、ぼくはいっしょうけんめいに日本語を勉強をしているのにもかかわらず、そんなことを言われたからです。ぼくはもっと日本語を勉強するようになった。

日本語をしゃべれるようになってからもいやなことがありました。小学校3年生のときに「中国人め」や「でぶ」と言われました。けんかになりました。すきで何人になれるわけではないのに、そんなこと言われてもじぶんがいくらがんばっても日本人になれるわけでもない。しかも自分が中国人であることが大好きです。なぜならばお母さんもお父さんも中国人だからです。中国にきれいな家があります。大きな家でテレビも大きいです。中国でようちえんも行ったこともあります。日本の学校とにています。

日本について思ったこと感じたことは、日本の人はなにを言っているかがよくわからなかったです。学校に初めてきたときは日本語がわからないからねちゃったこともあります。

3年生になったらけんかもすくなくなったからわるぐちをいわれなくなってうれしかったです。中国の学習をしたときはとってもくろうしました。

いやなことを言われたときはいつもほっといてどこかにいきます。先生にも中国人と言ったらだめと言われた人から中国人と言われたりします。だからもう言われないようにがんばろうとしています。

このように学校でいづらくなるような経験をしたときに、この子たちは親にどう伝えるのだろうか。子どもたちはこの作文の内容を中国語で伝えるすべを持たない。それでもけなげに伝えようとするのだが、それも伝わらないときには、あきらめるしかない。

私は3歳か4歳で日本に来ました。

保育園に行くとき、はじめはらんちゃん（親戚の子）がついていってくれました。

でもらんちゃんがいないときでした。

少しだけ日本語がわかりました。

保育園で泣いていたとき、ゆかり（日本の子）が「だいじょうぶ?」ときいてくれました。

「うん」とうなづきました。

それからずっと、今もゆかりとは一番の友達です。
2、3週間でらんちゃんは保育園にきてくれなくなりました。
どうやって日本語をおぼえたのか、おぼえていません。

小学校に入ったころには、日本語がぺらぺらになっていました。でも家では中国語をしゃべっていました。お母さんに話すときは中国語ではなしていました。でも中国語がわからないときは日本語で話しました。お母さんがわからなくて「何の意味」と聞くと、絵を描いて説明しました。

私は背が高くて背の順では一年生からいつも一番後ろでした。それが嫌でした。それをお母さんに言うときには、棒人間をたくさん描いて説明しました。一番後ろが私で、怒った顔をした顔文字を描きました。お母さんは「そんなん言ってもしらん」と中国語で答えました。

一年生の時、親戚のあきおが体操服袋を振り回していて、それがゆかの頭に当たりました。ゆかは頭から血が出て病院で縫いました。これはえらいことやと思い、家でお母さんに言いたかったけど、中国語がわからないし、日本語で言ってもお母さんにはわからない。また棒人間が袋を持っている絵を描き、その袋が頭に当たった絵も描きました。血もぽたぽた描きました。

あきおが何かで腹を立てたとき、窓ガラスを手で殴ってガラスを割りました。あきおは手も切りました。

そういうときは、お母さんに棒人間とガラスを描いて説明しました。

お母さんは「えげつな」と中国語で言いました。

私も1、2年生の時、男子のタクに「背高のっぽ」と言われて、「ちび」と言い返しました。何度も言い合いをしてけんかみたいにして家に帰りました。

でもその時は中国語で言えないから、家でも言わなかった。

今はお母さんは日本語がだいたいわかるようになって、日本語で話しています。絵で棒人間や顔文字を描くことはなくなりました。（名前は仮名）

12　シャオツァオ

「シャオツァオ」でしたいこと、訴えたいことはたくさんある。しかしまず、国籍も男女も立場もこえて多文化共生をめざした団体が作られたこと。そのことが大きな反響を持って受け止められたら、それ自体が大変意義深いことだと思った。

それから現在まで、シャオツァオはずっと続いている。中国にもふるさとがある親と子ども、ともに協力しあいたいと考える日本人たちは、毎週日曜日の9時半になると春日夜間中学に集まり、中国語と日本語の学習をしている。学習の最後にはおやつを配る。子どもたちにとってはそれもまた楽しみだ。

学習だけではなく、不定期ながらお楽しみの交流行事も行っている。

中国の正月「春節のお祝い」では中国ならではの「水餃子」をはじめとするふるさとの家庭料理が振舞われ、子どもたちもわいわい言いながら口いっぱいにほおばっている。

ほかにも市民にも呼びかけて「中国語スピーチ大会」、それにお母さんのための「日本料理の練習会」他に「キャンプ」や「遠足」など、この10年以上の間に様々な行事もやってきた。地域の人たちに対しても、多文化多言語の中を生きる人たちがいることを知ってもらうための集まりを開催してきた。当初こそスタッフが中心になって企画していたが、今やそれもそのすべてが当事者であるお父さん、お母さんが采配をふるってくれている。

今も毎週日曜日の朝9時30分、春日夜間中学でこの光景がみられる。

「はぁ〜い、中国語の勉強をはじめますよ〜、」。親の会で「シャオツァオ」の副代表でもある宮部さんや張さんが、子どもたちを語学力ごとに2クラスに分け母語・継承語の学習指導を始める。

当初は僕たちが教材を探して学習を担当していたが、今はお父さんやお母さんがきちんと学習を進めてくれる。

「ピンインを見て発音がわかることが一番の基本ですから、しっかり勉強しましょう」

シャオツァオでの春節

と、多分言っているのだろうが、すべて中国語で話しているので、僕らにはほとんど意味が分からない。

子どもたちの他にも、「シャオツァオ」のうわさを聞きつけて訪ねてきた語学好きな人も、子どもたちと一緒に机を並べている姿もある。

なかには「難しい!」「わからん!」「中国語は嫌い」などと口々にしゃべりだす子もいるが、先生役のお父さんお母さんは、けじめをつけながらもやさしく的確に指導していく。僕たちスタッフも笑顔で見守りながら、学習は進んでいく。

集まって来るのは約40名。うち30名ほどが中国から帰国・渡日した方かその関係者である。入会金は無料。会費は1年に1000円。それを子どもたちのおやつなどにあてる。

なかには中国で暮らしていたが、長期休暇で日本人のお父さんの実家に来たところコロナ禍により帰国することが出来なくなってそのまま日本にいるという子もいる。

学習のサポートをするスタッフは全員ボランティアの有志で、夜間中学の職員としては今ではたった1人になった神木秀国さん、現役高校教員の米田浩之さん、古くからの友人の丸田清重さん、活動を知って参加してくれた主婦松井好子さんの常連の他、最近では大学生や高校生もボランティアで参加してくれている。学習内容は「母語」「継承語」としての「中国語」と、日本の学校で学んでいる算数や国語の復習や宿題などをこなしながらの「日本語」だ。日本語の時間になると僕たちスタッフは彼らにほぼマンツーマンでついている。

「シャオツァオ」の直接的な目的は、ルーツを中国に持つ子と親が家族をこえてコミュニティーを形成し、助け合いながら子どもたちの成長の手助けをしていくこと、また、社会に向かってマイノリティーの立場の思いや願いを発信することである。広い意味で、差別・排外に抗い、多文化が共生できる社会を目指すことにある。またそれは個々の違いを認め合い、互いに尊敬しあえる社会であり、真の意味で平和な社会への貢献でもある。

結成した「小草」とは名もない庶民の事を歌った歌から取った名前だが、その前に「ルーツを中国に持つ子と親の会」という言葉が入っている。それは日本人が恩恵的にサービスするのではなく、ルーツを中国に持つ人たち自身が参加し、考え、運営する会でなければならないと考えたからである。そのためには家族を越えて協力関係が必要となるし、活動を支える日本人もいる。それが多文化共生で平和な社会をめざすことになると思ったからである。

したがって「小草」の活動内容は、ルーツを中国に持つ人たち自身が自分たちの子どもたちの将来をともに考える事をとおして、多文化共生で平和な社会の実現を目指すものである。

夜間中学での「長期欠席生徒」から始めた取り組みであったが、進めていくにしたがって、社会のしくみの裏側が見えてくるようだ。この社会のしくみの中で弱者はいつも切り捨てられようとしていて、教育弱者である夜間中学生も、夜間中学生とつながる様々な立場の人たち、子どもも大人も、現れ方は違っても本質的には同じだった。しかもその人たちは、誤解や偏見・差別のなかを毎日懸命に生きている。さらに重要なことは、その人たちとつながって共に生きる社会をつくることを、まじめにめざす心ある人も少なからず、確かにいるということだ。

夜間中学運動は最終的には「真に夜間中学が必要ではなくなる社会をめざす」ことにあると言われる。そういう仲間たちとつながって、ともに社会の変革をめざすことが、すなわち真に夜間中学を必要としない社会をめざすことになるのではないか。そこに展望を見いだすことで運動も広がりを見せる。そんなことを、痛切に感じてきた。

「シャオツァオ」が他の団体と違うのは、やはり彼らの母語・継承語である「中国語」と日本の学校での「学習言語」である「日本語」の両方の学習活動をすることだ。

中国語を学習する理由は、たくさんあった。まず、親や先輩が先生役になれること。親を尊敬することにつながるし、親を肯定的に見ることができる。次に、学習することで親子のコミュニケーションにつながること。事実、中国語を学ぶことで日常の親子の会話が増えていると親たちは喜んでいる。さらに、それは子どもと親にとってアイデンティティーの回復につながっている。日本社会で日本語が思うように話せないことで自分を責めていた親にとって、母語を使って自分自身の言葉で愛情たっぷりに子どもに語りかけることができるし、その言葉は子どもたちにも響くはずだ。それから、これはあまり知られてはいないことだったが、母語学習をすることは、将来的には日本語の学力伸長にもつながるかもしれない。世界的な認知心理学者たちはモノリンガルよりバイリンガルの方が結果的に能力的に有利だとする研究結果を発表している。シャオツァオの活動をするようになって、次第に子どもたちも中国語に興味を持ち出した。中国に住む祖父母と少しでも会話ができるようになったと喜ぶ姿も聞いている。

親の会の活動も活発化している。

親同士の子育てについての意見交流はシャオツァオ結成後、長きにわたって続けていたが、そこでは互いに励まし合い支え合う姿が見られるし、子どものためだったらと労を惜しまない姿には感動すらおぼえる。

今では、親子がともに活動できる行事も親たちが主体的に企画してくれるし、それらの中には一般の人向けに情報を発信したりしている。特に中国から日本に来ている人どうしはウェブ上でどんどん仲間を広げていってくれている。

ただ結成した当初、会の名前が「子と親の会」というのは、現実と違うではないか、という意見もあった。例えば、「中国帰国者支援交流会」という会が奈良にもあるが、まさに帰国してきた中国残留邦人を支援する活動をし、支援者たちが多方面と交流する会である。

名は体を表す、というが「支援する者が集まり、交流する」のだから、「支援交流会」と名乗るのはごくごく自然である。

僕たちの立ち上げたのは「子と親の会」という当事者の会なのだから、名の通り中国からの帰国渡日者自身が資金も出し合って運営をしなければ嘘になる。実態は「子と親の会」ではなく「支援者の会」なのではないか、と。

これに対して、確かに会の結成時において、まだ親と子が主体者とはなりえていなかったという現実を見つめながらも「名称」を変えようとはしなかった。その理由は、その会の名のように「中国にルーツを持つ子と親」自身の会にするためである。

マジョリティーである日本人がマイノリティーである渡日者を支援しているという構図はこれまでも多く見られたが、僕はマイノリティー自身がこの社会で自分たちの居場所をつくることが大切であると思っていたし、そのような会の在り方にメンバーも賛同してくれていた。

マイノリティーが当たり前の尊厳を誇れる社会にするために、今ひとときは支援者が中心であっても、会の名称やその目的はそのままにめざそうではないか。

２０１７年ごろからはその課題も克服したと自負している。

親の会が中心になって子どもたちの様子を見ながら、相談して行事や学習内容を検討していく。僕たち日本人スタッフは、彼らのお手伝いに徹している。

それが大変心地いい。

だが、あるのは気持ちだけで、金も箱もない。今後も継続できる保障はない。だからこの形をこれからどうやって持続可能にしていくのか。「自主」と「自由」の手作り感を損なわず、どのように発展させるのか、仲間とともに挑戦は続く。

13　無料塾のはじまり

「シャオツァオ」はその後もたくさんの人の協力で、進められてきた。

だが、この10年以上にわたって、すべてがうまくいっているわけでもないし、困難に遭遇したことも度々あった。

「シャオツァオ」創設の言い出しっぺの僕自身も、結成2年を経過して２０１２年に最後の勤務校に異動となり、シャオツァオが生まれた夜間中学校を後にした。

夜間中学校での仕事は、生徒さんとほぼマンツーマンでできる。困難を生き、学びを求めて学校にたどり着いた生徒さんの事だけを考えていられる。

定期テストもなければ、５段階やＡＢＣなどの評価も不要だ。これまで生きてきた人生でようやくたどり着いた学びの場で、この生徒さんたちを数字で評価するほど教師はえらくない。駅の改札で駅名がわかったという体験をして、生徒さんは大きな喜びを感じ、それが自らの評価になっている。

また、大の大人であるからタバコや酒などの生徒指導も必要ない。どのように学び舎を継続するか、どうやって学力をつけてもらうか、教師という役割をもらった者には十分に研究し深める時間がある。そうやって教材は手作りで自由度のあるものが作れる。

また識字教育とは何か、学ぶとは何か、様々な社会情勢から自分たちの社会を投影することが可能な自主研修をする時間もふんだんにある。

保護者のクレームもない。

勤務の終わりが夜の9時を回るがその分昼からの出勤でかまわない。しんどいことなど何もない。ただ純粋に教員としての仕事ができる上に残務もない。部活動もない。

だが、昼の学校ではそうはいかない。

毎日の授業の準備、テスト、成績処理、それに遠足やら文化祭やら体育大会やら「行事」のどれをとってもゆとりを持って取り組めるようなものはない。ましてや楽しめる余裕はない。何より日常的な、思春期の子どもへの対応や生徒指導、問題行動への対応、保護者への対応、部活動。

集団が大きくなれば理想どおりに進まない。理不尽なことも多い。

早朝から学校に来て、気がつけば学校を出る時間は夜間中学校と同じか、それよりもまだ遅い。

だから夜間中学校から人事異動で、昼の学校に転勤しても、そのギャップについていけない人もいる。

ここで僕は、夜間中学校のしごとが楽だと言いたいわけではない。むしろ昼の学校の業務が忙しすぎて、夜間中学での教育活動なみに合わせるぐらいでいいと思っている。

そうすれば、学校の教員の「うつ」や「体罰」や「いじめ」なども自ずとなくなり、精神的に豊かな教育活動ができるのではないか、と。

学校の教員の仕事は本来、心と時間のゆとりの中で純粋に生徒と向き合い、創意工夫して教育を耕すものだということを言いたいのだ。

ひさしぶりの転勤で、再び思春期の生徒たちと向き合い、あわただしい学校生活に戻ることになって、僕はたいそう驚いた。

僕が夜間中学にいた11年間で、学校も大きく変わっていた。

転勤したことで、穏やかで静かだった環境が一変し、危なっかしい子どもたちの嬌声の中での生活に戻った。その元気な生徒たちの姿は、以前とさほど変わらなかったが、変わっていたのは、テスト、評価、授業、生徒指導の方法、学校の管理体制、何から何まで業務の形態が大きく変わっていた。僕はすでに52歳になっていた。とにかく多忙で、先生にも生徒にも保護者にも、たいそう気を使う日々が続くことになった。

でも、意地があった。

夜間中学校で生徒さんから学んだ「学ぶ」ということ「生きる」ということ、それをほんの少しでも昼の学校の困難ななかで生かしたいし、夜間中学校と昼の中学校はちがうから夜間中学校で学んだことを「それはそれ、これはこれ」と片付けることはできないと思っていた。

そして、夜間中学校草創期に創設運動をした人たちの精神を多少なりとも自分の中に住まわせたい。自分の勤務が終わってから「うどん学校」に関わった多くの先人たちの精神を、自分も昼の学校に勤めながら実践してやろうという気持ちがあった。

もう1つ、２０１２年ごろから急速に在日外国人に対する表立っての嫌がらせ「ヘイトスピーチ」の横行がめだつようになった。

ヘイトは在日コリアンのみならず、だ。外国人労働者、被差別部落の人たち、沖縄の人たちに対しても、大音量でひどい言葉で罵倒するようなことが目についた。

外国人教育に携わってきた仲間から連絡を受けて、近鉄奈良駅にかけつけたこともあった。務めていた学校の生徒の姿もちらほら見えた駅前の広場で、大型のワゴン車から大音量で、「シネ」「チョーセン」などと差別と人権侵害をまきちらす連中と、それに対して「プラカード」を掲げて抗議する面々とがにらみ合い、警察が見守っているという異様な光景の中にいたこともあった。

僕たちが「ルーツを中国に持つ子と親の会　小草（シャオツァオ）」の活動をしていることが報道されるたびに、「ヘイト」の矛先が僕の勤務している学校に向かないかと危惧することもあった。

僕たちは、学校のすべての仕事を終えてから「シャオツァオ」の仲間たちと日々の活動の打合せを行い、やがて原発に反対するグループや、沖縄の基地問題に関わる人たちとも知り合い、仕事が休みの土曜日や日曜日には情報の交換を行うようにもなっていった。

その間「シャオツァオ」に関しても、もちろん困難もあったし事件もあった。

それらを克服するために思いついたことが、また次の活動につながっていくこともある。

２０１５年12月に結成式をして始まった「無料学習塾」を運営する事業がそうだ。

14　中学生になったシャオツァオたち

その年の春、僕らが知らないところで事件は起こっていた。

毎週のようにお母さんに連れられて、シャオツァオにやってくる姉妹がいた。その家族はお母さんの運転する車で、20分ほどかけて大和郡山市からやってきていた。だが、ある時を境にぱたりと来なくなった。

「この頃どうしてるかな」と気になりつつも、何か事情があるんだろうと思ってそのままにしていたが、二か月が経過しても一切連絡がなかった。そこでほかの親に連絡をしてもらったところ、もう来られなくなったと連絡が入った。

理由は、お母さんが車で事故を起こしたという。

お母さんはまだ暗い早朝から車に乗って配送業務をこなし、夜は夜で遅くまで食品製造の残業をするという毎日を送っていた。

事故の日の朝、とうとう運転中にうとうとして道路横の農地に転落。大けがを負ったそうで、車はもちろん廃車。

もう日曜日に子どもを送ってくることはできなくなった、というのだ。

言葉が十分でない在日外国人が働けるのは、コミュニケーション

無料塾

の必要がない単純労働の製造業がほとんどだ。そのお母さんは日本に来てから春日夜間中学で学んでいたが、まずは生活のため学校は休んで働かざるを得なくなり、夜間中学は除籍していた。長欠のまま在籍年数だけが伸びて卒業したくないのに卒業してしまうのを防ぐためだ。また学校に来られるようになればいつでも再編入できることにはなっているが、実際にはそんなケースはレアだ。

けれど自分の子どもの学習となれば話は別だ。自分は身を粉にして働いてでも子どもには立派な教育を受けさせたい、そう思って「シャオツァオ」に通い続けていた。だが、それもかなわなくなった。おまけに上の子は次の年から中学生になる。

その母はこう思っていた。

中学校になれば急に勉強も難しくなる。日本社会では学歴がものを言う。だからクラスの友達はほとんどみんなが塾に通って成績を上げる努力をしている。けれどもうちは、塾に行かせてやれるほど経済的に余裕はない。けがをして仕事も辞めてしまった。だから何とか中学校になっても「シャオツァオ」にだけは行かせたい。「シャオツァオ」なら学校の先生が勉強を教えてくれる。

けれども、事故で車もなくして、遠方の奈良市まで送ってやることもできない。

こんな場合にどうしたらよいのだろうか。

もともと「シャオツァオ」に来ている子どもたちが中学校に入ると、もう来なくなる。僕たちスタッフはこのことを「どうしようもないことだ」とあきらめていた。

でも何とかしたい。

「シャオツァオ」に参加する子どものほとんどは、小学生だった。中学生にもなれば強引に親に連れられてやってくることはない。「中国語」の学習のために休日を返上するよりも、部活動はあるし、中間テストや期末テストの勉強の方が大事だ。友達と遊ぶ約束より、中国語の学習が優先されるなんて考えられないのだろう。そもそも、自分が中国にルーツがあることを堂々と言えるわけではない。アイデンティティーは、まだまだ揺れている。

中学生になったシャオツァオの子どもたち、とくに日本生まれの子どもたちは、日常会話には不便さを感じることはないが、学習を進めるためには言語的に少なからずハンディキャップを持っていた。教室で友達と日常会話ができているのと、授業の抽象的な内容が理解できるのはまた違う。学校では日本語を使って話していれば安心してしまうが、実のところ勉強に使う日本語は普段話す日本語よりも専門的で、ついていけているかというとそれは疑問だ。

学習に抽象的な内容も含まれてくるのは小学校の3年生ぐらいからだ。この抽象的な事柄を頭で思い描くようになるためには、抽象的概念的な語彙数も豊富になり、さらに論理的な思考ができるようになっていなくてはならない。中学生の学習であればなおのことだ。

日常会話はできているようでも、授業となるとついていけなくなる。それは2つの言語を持つ者の早い時期に起こるハンディキャップである。そのハンディキャップをなるべく早い段階から埋めるような学習活動が必要だった。しかし、中学生になってしまうとシャオツァオには来なくなる。

だがこの学習困難性はわかりにくく、ついつい能力不足だの努力不足などで片付けられてしまう。教師たちがよほど実態に詳しくないとそこには気がつかないし、仮に気づいていたとしても学校全体として新たな取り組みを創り出すには高いハードルがあった。

もし自分が子どもの実態を何も知らない中学校の教員という立場だったら、どうしているだろう。自分が勤務している学校の生徒に中国からの渡日者の子どもがいたとしよう。ぺらぺら日本語を話している。目に見えるハンディキャップがあるとは思えない。教科の授業でどれだけの配慮ができるだろうか。ましてや昨今は何かにつけて「特別扱い」とか「放課後の居残り」などには風当たりが強い。そもそも多忙な仕事の中で、特別の補習をするなどの余裕はとうていない。学校現場に求めるのはあまりに酷というものだ。

担任として心配はしても家庭訪問をするぐらいだが、そのことだけで十分な取り組みはできただろうか。ましては外国にルーツを持つ生徒が持たされている課題を職員が共通理解できているかというと、これまた疑問符がつく。

学校の教員に押し寄せる仕事の数々はあまりにも多く、子どもたちのそれぞれの実態を深く理解することも研修を積むことも、その実践のための時間を持つことも、一般的にどこの学校でも十分にできているとは思えない。

だが、「シャオツァオ」では僕たちは自由だ。そして気がついたことや思ったことを実現できてしまう自主の精神を持っていた。

実をいうと、それ以前にも「シャオツァオの中学生友の会」をしたことがあった。「中学生友の会」、略して「中友」では中国語の学習はしない。中学生になった子たちで希望する子に学校の勉強の補助をする。

だが、さすがに学校の勤務を終えてから、公民館にかけつけて学習指導をするには無理があった。いつものメンバーの松田、玉浦と僕の3人がそれに当たったが、それ以上スタッフが増えることもなかった。教師の仕事は多忙を極める。3人とも学校の中での役割も担っており、僕たちがかけつけるのはその仕事をかたづけてからだ。7時に始めることにしたが、その時間にも集まれない場合もあった。

結局、2年弱で続けることができなくなった。

だが、自主と自由の精神は、枯れることはない。

事故をしたお母さんがこんなことを言っていた。「子どもが来年から中学校です。塾に入れて勉強させたいけどその余裕がないんです。日曜も来られなくなるし」

この言葉を思い出したとき、やることは決まった。

今度は形を変えて、始めよう。もう失敗はできない。

今度はもっとたくさんの人の力を借りよう。

僕たちは中学生の学習教室がどんなに難しいか十分にわかりながら、その姉妹が自転車で通える範囲の場所で中学生向けの郡山教室の開設に挑戦することを決意した。そして、国籍は関係なく、困っている人や子ども、やる気のある子どもには、支援ができる仕組みを作り出すことにした。

折から子どもの貧困が取りざたされていた。

ＯＥＣＤの調査によれば、日本は先進国の中でも子どもの7人に1人が相対的貧困の状態だという。高収入の家庭の子は高学歴で、高学歴の子は高収入になる。その逆も然りである。貧困の格差は、世代を超えても連鎖し、落ちこぼれたら這い上がれない。

その姉妹の住んでいる大和郡山市で無料の学習塾を開こうというのは、はじめは夢のような話にも思えた。なのに不思議なことに、失敗する気がしなかった。

生徒たちのほとんどが、放課後の学習塾に通っている。そこで進路指導を受けて高等学校へ進学していくことを、僕たちはよくよく知っていた。だから、生徒と一緒に進路について悩み考えた末に「受験は団体戦だ！」などと言っていても、実のところ生徒の心に響いていないことも同時に知っていた。

中学校3年生の2学期ともなれば、生徒は進路選択に心を痛める。テストの点数で受かるか受からないか、はかられる。そして、少しでもランクの上の学校へ行かせたい保護者とそのニーズに応えて受験させようとする塾の指導の力は大きい。

生徒の気持ちはすさみ、偏差値で輪切りにされた学校に、優越感と劣等感を持ちながら進学する。教師たちの進路指導は生徒の心に届かずむなしい思いになることも多い。

塾に行っていない生徒は、他の生徒のように自分の行ける塾を望んでいるに違いない。そんな確信が現場的にあったからだ。

このニーズにこたえるのが「無料塾」だ。

なんと一切の授業料なしで経済的に困窮している家庭の子どもたちのために運営している学習塾だ。僕たちは、今度は外国籍に限らず、全ての困窮家庭の子どもたちを対象にすることで、より大きなニーズにこたえられるようになるはずだと感じていた。

そして学力をつけることを目前の目的にはするが、その先には社会が変わるきっかけになることを目的にする。そんなことができる予感がした。

まだ、奈良では「無料塾」を運営しているところはなかった。

1か月後の8月。僕と玉浦さんは、東京の八王子にいた。

八王子で「つばめ塾」という無料塾を創設、運営している小宮さんに会うためだ。

15　八王子つばめ塾

小宮さんはNPO法人「八王子つばめ塾」という無料の学習塾をたった一人で始め、自らが事務局長として運営していた。

僕たちが見学に行った2015年には、すでに八王子市内でいくつかの教室を切り盛りし、毎日忙しくしていた。もちろん無料塾だから生徒からは全くお金をとらない。だから一銭の収入もない。では何か公的な支援があるのかというと、それも全くなかった。

それどころか、家賃などの費用は自分で稼がなくてはならない。

だから、高等学校で非常勤講師をしたり、アルバイトをしたりもしていた。

仕事の合間に「無料塾」を運営しているのではなく、「無料塾」の合間に仕事をしているような状態で、「無料塾」に全精力を傾けて運営していた。

そんな様子がマスコミの目に留まり、新聞で取り上げてもらったことがきっかけで、心意気に感じた人がスタッフとなってかかわってくれるようになっていった。少しずつ寄付も集まるようになったそうだ。

なぜそこまでできるのか。僕たちは、その運営の方法よりも、小宮さん自身に興味がわいた。その原動力は、小宮さん自身の体験にあった。

小宮さんも、経済的に苦しい家庭に育った。父親の収入は不安定で、小宮さんも大学進学をあきらめかけたときもあったという。その時に親戚の人が手を差し伸べてくれ、ようやく進学できたそうだ。

共働き家庭で、父が気に入らないとすぐに仕事を辞めてくるので、年収が150万円くらいだった。ただ、両親は明るい性格だったようで、給料などはすべてオープンなので、子どもながらに家が貧しいのは分かっていたようだし、それで恨むこともなかった。学費が払えずに高校も中退する寸前だし、大学受験は親に土下座をして、なんとか認めてもらい、母方の祖父母に相談して、学費を出してもらった。

大学に入学した後もお金がなくて教科書が買えず、何も持たずに1か月授業を受けていたそうだし、できたばかりの友人に、毎日昼食代を借りて歩く始末。

そんな経験をしたことと、卒業後にカメラマンとして貧困家庭の子どもたちの取材をしたことも大きなインパクトがあったそうで、「経済的に苦しい人をほっておけない、なんとかして助けてあげたい‼」という気持ちが強くなった。

つばめ塾の命名の理由は、つばめが毎年春になると帰って来るからだ。今学んでいる子どもたちも、温かい支援の手のなかで人の世のあたたかさを感じ、いつかは成長して、支える側の大人として再び帰って来るようにという願いからの名前だ。

小宮さんの並々ならぬ決意を、信念を持った無鉄砲というのだろうか。

ホームページを開設する際も、小遣いの中から、妻に5000円札を渡し、「ドメインとサーバーを契約したんだけれど、家のクレジットカードで引き落としたから家計に迷惑かけるわけにいかないので、小遣いから出す」と。さらにWeb（ウェブ）などに何の知識もないのにもかかわらず完全に手作り、手探りの状態で「八王子つばめ塾」をはじめた。

2012年の9月から始めると宣言したものの、初めての生徒は、ギリギリの8月27日にメールで連絡があり、「これで無料塾が開けるぞ‼」とガッツポーズして喜んだそうだ。

僕たちはいろいろと質問した。

教える側に多少なりともお礼はしていないのか？

答えは「していない」。なぜなら理由は簡単。そんなお金はないから。

無料塾に来る生徒に、家計や収入で何か制限をかけてないか？

答えは「かけていない」。貧困はその過程によって違うから。兄弟が多いとか、親がシングルだとか、数字で割り切れない要素がたくさんあるから。ただ1つの条件は、他に学習塾に通っていないこと。

助成金などの支援や公的な支援策に手をあげて、費用を賄うことは考えないか？

考えていない。ほとんどの助成金は使途を制限したりして自由に使えない。

だが、たった一人では実際には運営できない。

そんなときに、運よく講師をやりたいと言ってくれる人がメールをくれたそうだ。小宮さんはうれしくて、布団から飛び起きたと言っておられた。

「自分の思いが誰かに伝わった」という感激を味わったんだという。

僕たちは本当についている。そんな経験ならこれまでにも何人もでしてきたではないか。

つばめ塾はただ単に勉強ができればいいという、狭い範囲を目標としている塾ではない。

「いつかは自分も人の役にたちたい」という思いを育てるということだという。仮に再び無料塾に帰ってこなくても、何か自分のできる範囲で行動すること。「自分さえ良ければいい」「お金さえあればいい」という考えから「みんなで助け合っていこう」という考えに変わることが目的だと言っておられた。

つばめ塾のスタッフの講師はまったくの無償で、かつ交通費も自腹である。子どもたちはそういう先生に出会い、触れ合うことで「いつか自分も」という考えになればという期待が大きいという。

吉田松陰の言葉に次のようなものがある。

夢なき者に理想なし、

理想なき者に計画なし、

計画なき者に実行なし、

実行なき者に成功なし。

故に、夢なき者に成功なし。

小宮さんは理想を高く持ち、それに向けて計画し実行しておられた。

始めのうちは、高校の臨時講師と、弁当配達のアルバイトをしながら、八王子つばめ塾の運営に情熱を燃やしておられた。始めたころには生徒の数よりも講師の数の方が多かったそうだが、八王子市内の校長会の研修会に呼ばれて話をしたことで状況は大きく変わったそうだ。

まず、八王子市議会議員の友人から、八王子市の教育委員会の事務局に行き、そこで「市立中学校長会」でPRさせてもらうことになる。その場で幹事の校長先生に電話してくださり、午後にその学校に行くことになった。

そこで、校長会でPRさせてもらえることになり、そのPRの後、ある中学の校長先生が全校生徒にチラシを配ってくれたという。

本気になった時には出会いがあるものだ。

それによっていっきに1日20人くらいが訪ねてくるようになり、その後もどんどん増えて100名近くの塾生がかようようになった。

また、新聞で報道されたことが功を奏して寄付も集まるようになってきたという。

最後に、小宮さんが言う。今も毎日楽しくつばめ塾の発展を考えていますよ、と。

話を聞けばいちいちもっともだった。

なにより、その気迫に共感した。

僕たちが「ルーツを中国に持つ子と親の会　小草（シャオツァオ）」を立ち上げたときの感動を思い出した。違ったのは僕たちには何人もの仲間がいたが、小宮さんはたった1人で始めたという点だ。

話を聞きながら、「自分たちにもできるだろうか」という気持ちは、「この無料塾の精神は、きっと奈良でも開花させることができる。」といういつもの無鉄砲さに変わった。

そうして僕たちは八王子を後にした。

夏の真っ盛り、セミがやかましく鳴いていた。

16　無料学習塾

奈良にかえって早速準備にかかることにした。

困っている子どもなら、いる。

目の前にいる。

その背後にまだまだ多くの子どもたちがいる。

中国からの帰国者の家族、「ルーツを中国に持つ子と親の会」に参加していた子どもたちが、少なくとも近所に3人はいる。その子たちの話によれば、塾に通っていない子がクラスにまだたくさんいる。そのなかに家庭の経済的事情による子が相当の割合でいるはずだ。

チラシを作って配ったら、救われる家があるはずだ。

教えてくれる人、塾のスタッフになってくれる人は？

僕たちは現役の教員で、教える側にまわろうとして動きがとれなくなった失敗経験がある。とてもじゃないけど開始時間の午後7時には仕事から解放されない。

スタッフになってくれそうなのは……

いた。

シャオツァオにきているボランティア大学生。

奈良教育大学は教員養成大学だ。教員になろうという若者は、いわゆる学校での優等生が多い。成績も優秀だった。その学力は学習塾に通わせてもらってつけてきた人がほとんどのはずだ。そういう意味で、家庭の経済力によって学習塾に行けない子どもたちの思いと出会うことは、きっといい経験になるはずだ。

その学生さんは、学内に一斉メールを配信してくれて、また個人的に勧誘してくれた。

こういうときはすこぶる楽しい。何かがスタートする時だ。エネルギーが集まってくる。

そして、2人3人とスタッフが集まってきた。

季節は夏から秋に変わる。

しかし、奈良教育大学から郡山までは距離がある。学生が講義や部活を終えて向かうと公共交通機関を使っても間に合わない。学生は乗用車を所有しているわけでもない。

それならば、学生を送り迎えしてくれる協力者が必要になるが？

だったら誰かにお願いしよう。

でも誰でもいいというわけではない。大学生を預かって車で送り届けてもらうのだから、保険にも入らないといけないし、できるだけ女子学生には女性の送迎スタッフがあたる方がいいだろう。何よりも安心して任せられる人でないと。

そこで、知り合いに当たってみた。

最初に当たったのはこれまで在日外国人教育に関わってきていた元先生だ。

2つ返事でオーケー。

次に原発問題などの市民運動家の女性にお願いした。

これまたその場で即了解してくれた。

世の中捨てたものじゃない。

こういうときには元気が出る。

秋も深まり、11月になっていた。

この調子でいけば、12月中には奈良での無料塾開設だ。生徒と保護者とスタッフが集まって、会の意義や約束事を決め、1月からは本格的にスタートできる。

あとは場所探しだ。
15、16人くらいが入れて、机も椅子もあるところ。
子どもたちが通えるところで、帰りが遅くなるから親が迎えに来れるところ。

そしてお金がなるべくかからないことが大事な条件だ。

ここでもシャオツァオのお母さんに助けられた。

無料塾に興味を持った中国残留邦人2世のお母さんが、自分の住んでいる市営住宅の自治会に頼み込み、集会室を借りられることになった。しかも無料で。

場所的には少し不便に感じる人がいるかもしれないが、何よりただで借りられるのがありがたい。

学生さんたちに全く無償でしてもらうのも気の毒だから、みんなでお金を出し合って少しだけでもお礼をしようかなどと考えていたものだから、会場費が無料ならばありがたく借りることにした。

12月になった。

入塾生は4名でスタートできそうだ。4名の学習スタッフもそろった。送迎ボランティアも3名名乗り出てくれた。

パンフレットも作った。

入塾条件は2つ。

1つはやる気があること。とにかくただなのでお得だというだけの理由では困る。本人がまず自分から放課後の学習塾に行ってでも学習したいと思っていること。

もう1つはほかの学習塾などの習い事に行っていないこと。

無料塾の目的は、家庭の経済力の格差を学力格差にしないこと。だから他の学習塾に行っている生徒や同様に高額の習い事に行っている生徒は「無料塾」にくることもない。

ついでにもう1つ。塾生の塾までの送り迎えは家庭で責任を持ってやってくれること。

学習スタッフと学生を会場まで送ってくれるスタッフ、僕たちは毎回9時に学習支援終わった学生を下宿まで、あるいは最寄りの駅まで送る。だから生徒が塾に来て家に帰るのは、家庭で責任を持ってほしい。万が一にも通塾中に事故があってはすべてが終わってしまう。

塾生たちの約束はたった1つ。

国籍や民族や性別や言語その他の見た目、学力、考え方や感じ方、どんな違いがあっても、人を見下したり嫌がらせをしたりしないこと。

目標は、学力をつけ、いつかは教える側として無料塾に関わってくれるようになること。

手作りで理想の無料塾をつくっていこうと皆が思っていた。

12月23日には、結成式を行う予定にしていた。

学生ボランティアや塾生や保護者が集まり、簡単な小テストをして各自の学力を把握し、1人ひとりの学習課題について面談する。年が明けて1月から本格始動。

たくさんの人たちの善意を借りて、順調に進んでいた。

ところが、結成式の2週間前、場所を借りる予定だった自治会の方から電話が入った。

ぜひ会って話したい、とのことだった。

寒空の中、出むいていくと、協力してくれていた自治会の方が僕に、申し訳なさそうに「集会室を貸すことができなくなった」と言った。

奈良の冬の到来は「春日若宮おんまつり」だが、その10日前だった。

言いにくそうにしているその方に、食い下がって理由をきいてみた。

自治会でも話は進んでいた。住んでいる棟や区域の順番に何度か役員さんの会議ではかられて、そこでも了承されていたそうだが、その最終段階になって古くからの役員さんが貸す相手が中国人だということがわかると反対したためだった。

集合住宅などでは、ゴミ問題などで日本の習慣になじみのない外国人と日本人居住者の間で、さまざまな軋轢もおこっていることはあったが、外国人がいるというだけで迷惑をかけるものだという思い込みがあったのだろうか。それとも他に何かあるのだろうか。

悔しさというより哀しさが湧いてきたが、目の前のこの人に言っても逆に迷惑がかかりそうだったのでそれ以上食い下がることをやめた。

まったくもってお粗末な話だった。

だが、そんな現実があることも事実だ。気持ちを切り替えて、近くの公民館を探し、なんとか無事に結成式には間に合わせて契約した。無料で運営できる予定だったが、会場使用料など少々お金もかかってしまうが致し方ない。

入塾してきた子どもたちはその後20人近くになるが、結果的には家から近い公民館の方が通いやすくてよかった。

また、しばらくして無料塾の活動が新聞で報道され、それを見た読者が大和郡山市の教育委員会に要請し、この公民館の使用料も減免してもらえることになったことを付け加えておく。大和郡山市の教育委員会はなかなかやる。いやそれ以上に市民の声は大きく力があるんだ。

２０１５年12月23日午後６時。

僕たちの「無料塾」の結成式が行われた。

子どもたちと保護者が６名。スタッフは大学生も含めて10名。

堅苦しい話は抜きにして、これから勉強をがんばろうと楽しくも充実した集まりになった。

年が明けて１月からは本格的な塾が始まる。

すべての協力者がいとおしい。学生のスタッフにもうどんぐらいおごりたい。せめて弁当でも買ってやりたい。

送迎スタッフのガソリン代も。

ともかくお金を稼がねばならない。

17　すみれ塾郡山教室

2016年1月。無料塾の学習が、奈良県郡山市の平和地区公民館で始まった。

今まで自分で勉強してきて、わからないところがあったら、そのままにしていました。でもここでは、わからないところを1つずつ少なくしていきたいです。

入塾の際にはひとりずつに、意気込みを書いてもらう。この意気込みを書いてくれた中学2年生の男子生徒は県立高校の工業科を目指していた。進学校を目指していたわけではない。いわゆる実業科で卒業したら就職して安定的にお金を稼ごうという考えの子だった。まじめで誠実な子だった。保護者も入塾の際に入塾の理由を次のように書いている。

経済的理由で、中学生になってからも塾に行かしてあげることが出来ず、気づけばもうすぐ3年生。1・2年は平均点数を取れていたので、このままの調子でいってくれればと思っていましたが、周りが上がっていくなか、全教科で下がりはじめ、本人も「このままではダメと塾へ。（塾を考え）各塾の塾代を調べましたが、到底払える金額ではなくて、そんな時、知人に教えてもらい、即決めさせていただきました。

皆さんのボランティアで成り立っていると改めて実感しました。ありがとうございます。私でも何かできることがあれば積極的に協力しますので、よろしくお願いします。

世帯収入と子供の学力（対象／小学6年生）

出典：国立大学法人お茶の水大学『平成25年度全国学力・学習状況調査（きめ細かい調査）の結果を活用した学力に影響を与える要因分析に関する調査研究』

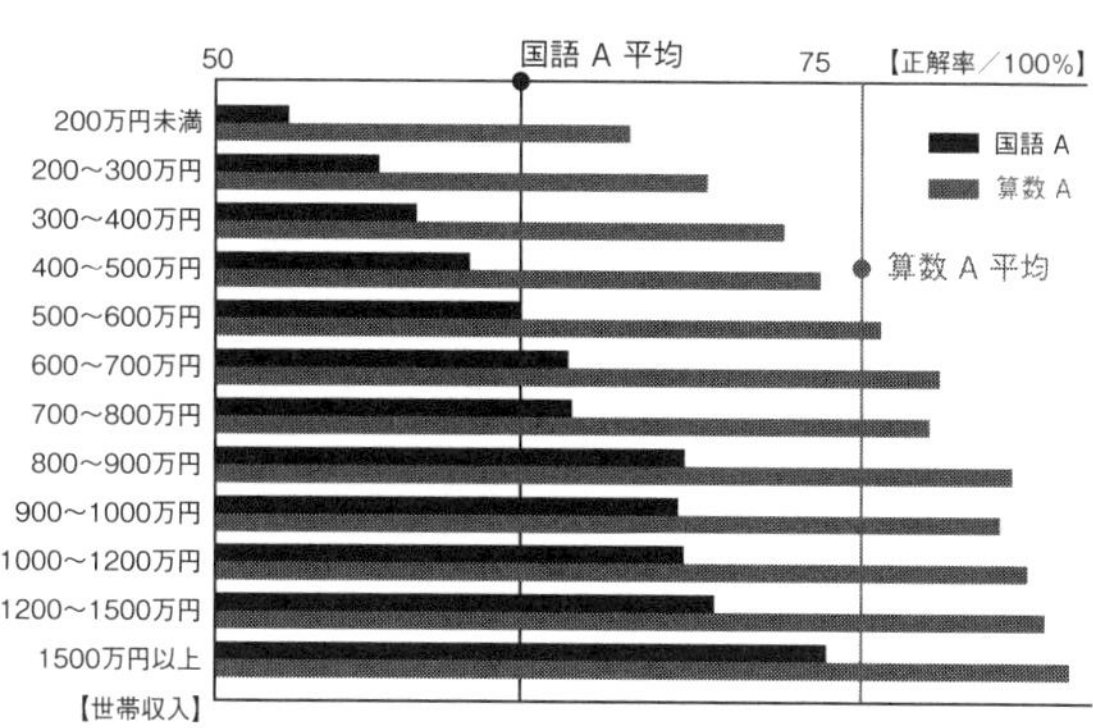

家庭が自己負担する教育支出（学習費）の内訳

出典：文部科学省「平成26年度子供の学習費調査」

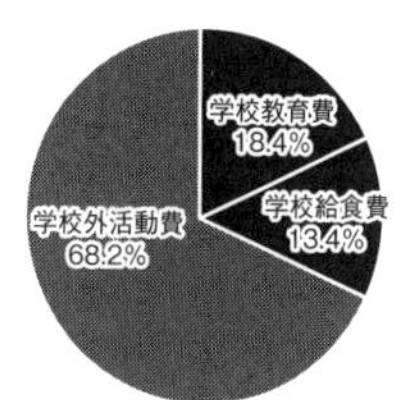

公立小学生の学習費内訳（比率）
平均学校外活動費：219,304円
（月：約18,000円）

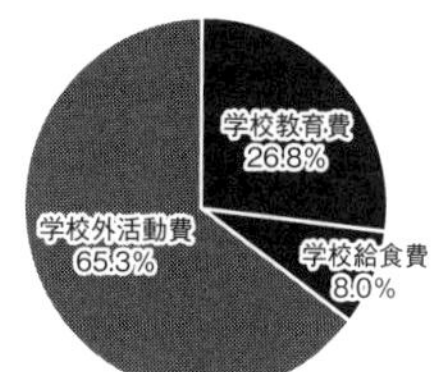

公立中学生の学習費内訳（比率）
平均学校外活動費：314,455円
（月：約26,000円）

お茶の水大学がまとめた調査によると（上図）、平成25年度の小学校6年生の全国学力学習状況調査の結果、世帯収入と学力（テストの結果）に見事なまでの相関関係がみられる。例えば国語Aにおいて年収500万から600万円の世帯の家庭の子どもが平均点あたりで、それよりも年収の低い家庭は子どものテストの正答率も下がり、収入の多い家庭の子どもは正答率が上がる。算数でもほぼ同じ傾向がみられる。

小学校での学力格差はそのまま中学校でも続き、高等学校の進学先にも影響する。

成績優秀な裕福な家庭の子どもが、いわゆる一流大学に進学し、就職先で高収入を得て、その次の世代の子どもがまた高い学力を獲得していく。

ではその家庭の収入の差は、子どもの教育費のどの部分の差となるのか、まさにそれは学校外教育費の差である。つまり放課後や長期の休みの塾代と化す。それが学力差になるのだ。高いお金を払えば、より豊富な学習材料や学習環境が提供され、子どもは毎日忙しく塾通いをする。その結果の進学なのだ。

言い換えれば学力は金で買う。

すみれ塾を開設してみると、そこには切実な親子の願いがあった。

○くもんに行かせ、勉強させてあげたいと思っていたところで、いろいろ調べ、月謝がいくらかかるのかを知り、子ども一人で行かすにも遠方だと、少し言い訳のように思っていた時に小草を知り、子供に案内を見せたところ、すぐに行きたいとやる気を見せたので、よく調べるとボランティアで学生さんたちが私たちのような者対象に真剣に取り組んで教えていただけるんだということを知り、選ばせていただきました。体験に行かせていただき、本人がわかりやすく教えてもらえたと家に帰っても勉強の続きを自らしていたので、小草で学ばせていただければと思っています。

○家庭に余裕がなく、習い事もさせてあげれない状況でした。子供には勉強をさせてあげて、なるべく良い高校にも進学してほしいのですが、親の都合で塾に通わすのはむずかしいと思い悩んでいる時に、知り合いから話を聞き、ぜひとも通わせてもらえたらと思いました。

○受験に向けて、塾に行かせたいけど、母子家庭で経済的に難しいと思っていました。体験させてもらい、本人も「通いたい」と言ったので、決めさせてもらいました。
　人の気持ちがわかる優しさを持ち、何事にもあきらめずに努力できる人になってほしい。

○自分なりに努力して勉強（宿題）をしていますが、苦手なところが多く、勉強に自信が持てない様子もあり、中学になる前に、少しでも自信を持ち、取り組めるようになりたいようですが、我が家には5人の子どもがいます。
なかなか習い事や塾まで一人一人通わせるわけにいかず、いろいろと我慢もさせていますが、友達が無料塾に通っていて、とても分かりやすく勉強ができると聞いたようで、そのような場があるのなら行ってみたいということでした。

少子化になっていく中、兄弟に囲まれて育つ環境も学校や近所の友達に囲まれる環境も昔とは違っていき、狭い人付き合いのなか、思いやりや助け合いという言葉よりもしてもらうのが当たり前、自分が良ければすべて良いとの考え方をしてしまっている人も増えてしまっているなか、我が子には姉弟５人での助け合い、周りの人との支えがあって成長できていることを忘れず、自分を大切に思い周りを大切に思える人に成長してほしいと願っています。

お話を聞くとボランティアで、このような無料塾をしてくださっていると知り、学生さんたちも子どもたちにとって素敵な憧れの存在になると思います。子供たちのために本当にありがたい気持ちでいっぱいです。


無料塾なのだから、入塾条件には、家計の収入制限を設けなければならないのではないかという意見がある。ある意味当然のようにも聞こえる。例えば、生活保護家庭であるとか、それが厳しければ課税証明をとってきてもらって公平性を担保しなければならないという議論だ。行政が何らかのサービスを行う場合は、必ずと言っていいほどこの条件が付く。公平・平等が担保されなければ市民への説明がつかなくなるからなのだろう。

しかし何でもかんでも数値化してそれで公平だという証明になるのかという疑問が生じる。

1人ひとりの家庭の生活状況は違う。それらに一律の線をひいてその線から漏れたら入塾させないということが、実態に合っていると言えるだろうか。

飢餓状態にあって生命の危険を伴うような状態の貧困を「絶対的貧困」というが、日本における貧困の問題は、「相対的貧困率」で表される。全世帯の平均収入の半分に満たないと相対的に貧困だという指標だ。その家庭の収入と消費生活の関係はおよそ想像はつくが、かといって必ずしも均一ではない。生活様式も発展途上国のそれと同一視することはできない。例えば日本において生徒たちがスマホを持っているからと言ってぜいたくだとは言えないし、自家用車を所有しているからと言って余裕があるというわけでもない。

例えば兄弟が多ければ、教育費の出費も増える。その兄弟の年齢にもよる。子どもの数だけではない。仕事の内容や雇用の状態によって自家用車をもっていないとできない場合もある。勤務形態、労働環境もそれぞれの家庭で違うだろうし、例えばシングルであればなおさら。ダブルワークであれば、疲労度もまた一層ちがうはずである。

また、親が持病を持っているとか、病気がちだとか、介護老人がいるとか、本人の体調によっても違うだろう。

それによく考えてみれば、一見当たり前のように聞こえる「所得によって一律に線を引く」という考え方は、「ただやったら、得だ」というだけの理由で入塾を希望する人を拒まないといけないという理屈から来ているものだった。

それなら、ちゃんと面接で話をして理解を求めよう。

入塾の条件に「他の学習塾に行っていないこと」と「本人にやる気があること」の2つにして、それをきちんと説明してから入塾を認めるほうが僕たちにはあっている。

よって僕たちは、自分の家庭が経済的に困難だという自己申告をもって入塾の2番目の条件にすることにした。

行政ではこんな判断はできないだろう。あくまで数字による基準が公平さの担保になるのだろう。だが、

すみれ塾

それでは救われない人もいることを知ってほしいと思う。

僕たちは周囲の眼ではなく、本人が困っている気持ちにできるだけ寄り添うことにした。

すみれ塾を始めてしばらくすると、学習スタッフの大学生からの提案があった。

学校では、子どもたちの間で塾の話題になることがけっこうあるという。その時に自分の塾の名前を言えないのではないか、ということだった。

なるほど言われてみればその通りだ。自分が行ってる塾を聞かれて「無料塾」とはなかなか言いにくいのだろう。

そこで塾の名前を、生徒と学生とそして僕ら大人のスタッフから公募して、投票で決めようというのだ。

おもしろい。

約1か月後、名前が決まった。

「すみれ塾」

小さい草、春、目立たないがかわいらしい。そんなイメージの「すみれ」だったのだろう。いい名前に巡り合えた。

18　ボーリング

この原稿に書くにあたって、すでに「すみれ塾」を卒業した人やその保護者、またスタッフたちに連絡をしてみた。自分が在籍していた当時の思い出を振り返って、何でもいいから文章に書いてほしいとお願いした。

すると、保護者の1人から次のような便りが届いた。

これを読んで、僕は、自分が教師になって本当にやりたかったことはなんだろうと思い起していた。

お返事遅くなりました。

参加させていただくきっかけは中3の夏。まわりのみんなはすでに塾に行っていたので本当に焦っていました。何件かの塾に問い合わせてみましたが、この時期からの「集団（多くの生徒で一斉に学ぶ教室）」は難しいとか、「個別（1人もしくは2、3人の教室）」にした方がいい、と言われました。「個別」の額を聞くとだいたい10万くらい…受験への不安と高額な塾代を払えるのか、子供の事を思うなら高額でも塾に行かせた方がいいのか、もっと早くから塾に行かせておけば「個別」じゃなく「集団」に入れれたのか…子供のためと頭ではわかっていても高額な料金への不安からなかなか決断出来ずにいた時、春頃からすみれ塾に行ってるというママ友から「こんな塾があるよ」と教えてもらい参加させていただく事に。本当救われました。あの時ママ友に教えてもらわなければ…今の息子はどうなってたのか…考えるとこわいです。

参加させていただくからには、息子達の為に忙しい時間をさいて来て下さってるスタッフの皆さんに感謝して絶対休まずに参加しよう、と決めていました。そう決めていたのですが学生スタッフさんと会える、話が出来るのが楽しくて行くではなく、「行きたい！」という気持ちで参加するようになっていました。学校の先生には聞けない事も学生スタッフさんには色々質問をして勉強のやり方はもちろん、勉強の楽しさも教わりました。過去問をしながら難しい問題は「捨て問」として、それにばかり時間をかけてると解ける問題を解く時間がなくなるから、と。

けどだんだん「捨て問」も解けるようになって喜んでいたのを思い出します。「君は合格できる」と言ってもらい自信にもつながり志望校へ合格する事が出来ました。合格祝いだと言って学生スタッフさんと一緒に焼肉へ行きご馳走していただきました。勉強を教えていただけただけでも本当に感謝なのに、こんなによくしてもらって申し訳ないくらいです。

息子にすみれ塾で学んだ事を聞くと、「優しさ」と答えました。

勉強だけではなくすみれ塾のみなさんの優しさがあったからこそ今の僕があると思います。ありがとうございました。

最後は本人の言葉で締めくくられていた。

この手紙の中には、お世辞もあるのかもしれないが、すみれ塾を立ち上げ、続けてきてよかったと思った瞬間だ。

しかし、それでも、僕の中ではどこかで「それでいいのか？」と自問してしまう自分がいる。

本当はそれぞれの学校で、目の前の生徒にしっかり向き合って取り組むことができれば「すみれ塾」は必要がないのではないか。

おかしな例だと思われるかもしれないが、僕が小学校6年生の時、突然降って湧いたように空前のボーリングブームがやってきた。多くの子がそうだったように、僕も興味を示していたのだろうか、その様子を見た父が一度だけ連れて行ってくれた。初めて触ったボーリングのボールはとても重たく、とても自由に操れるものではなかった。

おそらくそんな会話は子どもたちの学校生活の日常の中でも見受けられたのだろう。ある日担任の先生が突然「ボーリングに行ったことのない子は手を挙げて！」と挙手を促した。おそらく数人だっただろうか、手を挙げた。その子たちは後日どこかで日程を合わせてその担任の先生にボーリング場に連れて行ってもらった。誰からもどこからも不平等だという不満の声は上がらなかったと思う。

同様に現在、学習塾に通っている生徒は、どの程度いるのだろうか。文部科学省の「平成30年度子供の学習費調査」によると、1年間の間に塾の費用を払ったことのある生徒は、私立中学校よりも、公立中学校の3年生が最も多く、79・8％だった。

なんとすごい数字だろうか。

ではボーリングに行ったことのない子をボーリングに連れて行った僕の担任の先生がもし今いたら、ほぼ8割が学習塾に行く公立中学3年生のなかの残りの2割の子にはどうするだろうか。

例えばほかの子よりも宿題を多く出されるとか、放課後に残って予習と復習をしてから帰る、とか。いずれも現実的ではない。今、学校でこういうことをやると問題になる。というより問題になる可能性があるのでやらない。問題とは、該当の子どもとその保護者や該当しない生徒や保護者からのクレームだ。足並みをそろえてどこのクラスでも同じようにしないと不平不満が出る。だからすべての生徒を対象に下校前の10分程度のわずかな時間を使って、全員で復習に取り組むなどをするのだが、実際にはできる生徒にとっては簡単すぎ、できない生徒にはやる気にならず、教師側も効果を感じていない。

コロナ禍という状況の中で急速な学校のＩＣＴ化がすすみ、ウェブ上のアプリケーションを使って１人ひとりが自分のペースで個人個人に合わせた教材を取り組むことができるようになりそうだが、僕の経験から言うと、学習遅れの生徒にとっては、特に伴走してくれる教師との人間関係の中でよほどの励ましがないと、個別の学習は進まない。できない子どもはそれほどに傷ついている。だから、その子の努力している、その現場にいないと継続した取り組みにならないのではないかと思うし、下手をすると自分で勉強しないその子が悪いという自己責任論を正当化させることにしかならない。

教室で補習するだけの時間の余裕とそれが認められる寛容さがあれば、わざわざ遠くから、学習支援のボランティアを行わなくてもいいのではないか。これほど多くの生徒が放課後に学習塾に通っている状況であっても、学習塾に通っていない生徒を対象に学校が主体となって学習支援を行うことは、なかなかできないのが実態なのだ。ましてや、すみれ塾のように夜になって、学校とは違う場所で塾に行っていない子を対象とした補習を学校が行うことは現実問題として大変難しい。

僕が、教師になって本当にやりたかったことはなんだろうか。

そのことを考えてみると、そこには子どもたちをボーリングに連れて行ってる先生が目に浮かぶ。できない子に親身になって「居残り勉強」をさせ、貧しい家庭の子どもの肩を持つ先生だった。怠けていると余分に宿題を与えられ次の日に提出しないと、両手で顔を挟まれる「ダブルパンチ」や、おでこに先生のちくちくするひげをこすりつけられた。先生は笑っていたが、今なら確実に体罰だろう。

「昭和」の頃だ。今と同じ基準で物事を考えることはできないが、「昭和」という時代は、戦争の後、どんな社会を築くのかを乱暴でゆるいながらも模索していた時代だったのかもしれない。

19　昭和

「昭和」から「平成」、そして「令和」へと時代は進み、僕のイメージの中での「先生」は遠くになった。何も悪くなったと言いたいわけではない。だが僕が持っている「先生」というイメージが次第に時代と合わなくなっていった経過というか変化が、「シャオツァオ」や「すみれ塾」を生み出していったのだろうと思う。

先に結論を言ってしまえば、「シャオツァオ」や「すみれ塾」は、僕の中では「学校」なのである。それも学校外の「夜間中学校」のような。

僕自身が学校の生徒だったのは「昭和」の時代で、教員としての第一歩を踏み出した当時は、その「昭和」も終盤だった。

学校は「校内暴力」の嵐が吹き荒れていた。僕の初任の勤務校もまさにそうだった。「学校」などと言えるような環境ではなかった。

昼前に登校してきた生徒は異装、喫煙、シンナー吸引などの問題行動が日常的だった。毎時間のように罵声と怒声が飛び交い、一般の生徒は怖がって近寄らないし授業も成立しない。毎日、生徒が帰ったころからその日に起こった問題事象を報告する会議が行われ、保護者に連絡してもらちが明かず、粘り強く耐えて指導を繰り返すしかなかった。

そのころが良かったとは少しも思わない。ただ「荒れ」には理由と背景があった。それははっきり見えていた。

生徒の「荒れ」の理由は「被差別感」で背景は「部落差別」だった。

自分たちが生まれ育った地域は「被差別部落」で、そのことによる日雇い労働などの不安定な就業と家庭の経済的な問題があった。また親自身が差別と貧困によって学校で学習することが出来なかったことによる自己嫌悪感や「無力感」。それによる子どもへの感情的なふるまい、愛情と自信のなさ。

子どもたちの「荒れ」はその親たちが受けてきた「差別」から引き継がれてきていた。子どもたちは学校を差別をつくり出している社会の縮図ととらえ、学校のなかの「大人」である教師に怒りの矛先を向けた。だから、荒れの背景には「怒り」があった。広く言えば「社会」に対する「怒り」だった。

ただし、教師も力で押さえつける風潮はあった。熱血教師ドラマでも体罰のシーンは愛情の表れとして表現されており、実際の学校現場でも「愛のむち」と自分をごまかして体罰が見られた。僕も若い頃、指導を焦るあまり傲慢にも体罰をしたことがある。

特に地域的に「東の千葉県、西の愛知県」といわれる管理主義教育はまかり通っていて、その後批判の対象となっていく。

理想は高く掲げているものの、ゆるく乱暴な状況だった。

同和行政においても「部落差別は国民的課題」と位置付けられ、財政的にも支えられていたし、教員も日夜この課題に取り組んでいた。

その人権尊重の精神は、荒れている子どもたち以外にも向けられ、教師たちは学級集団作りや学校集団をいかに民主的な集団にするか、ということに傾注した。

荒れていた子どもが見せるわずかな変化が職員室で話題になり、生徒が生徒を支えて励ますような姿があれば、教員は素直に涙した。

また、勉強が苦手な生徒は放課後残して補習をしたり、家庭訪問して宿題を見てやることもよくあった。そんなときにふと見せる普段荒れている子ども達の顔が教員の喜びでもあった。一番弱い立場の生徒に寄り添い、その生徒を中心に友達や仲間の集団が作り上げられていくダイナミズムが教育の面白さだった。

地域的に生活が苦しい家庭が多い校区では、特に低学力や非行の生徒に対して、家庭訪問は毎日のように行われた。教師の仕事は夜も昼もなかったが、その分保護者とのつながりも深まった。

もちろん学習指導も、時間を惜しんで行っていた。夜の家庭訪問では、その日の授業の復習よりも小学校からの復習、なかには「九九」やＡＢＣの綴りから学習支援をしていた。

生徒が民主的な社会の担い手となるように教育をするためには、教師自身も民主的な集団にならなくてはいけないと自覚し、実践している雰囲気があった。

僕が教師を目指そうとしたのは、教員であれば子どもの前では若いもベテランもなく、同じ立場で実践できるという点にひかれたことも理由の1つであったから、教員というしごとは給料は安いがその面で期待通りだった。

年度初めには教員の主任などの役割や学年配当が決まるが、全員が家庭事情などもすべてオープンにし、一から希望を聞いて全員の一致が見られるまで会議も終わらなかった。それは何十年も務めているベテランもいや校長とて僕ら1年目の教員と同じ土俵の会議で決定されていった。学校教育や学校運営の最高議決機関は職員会議である。これは校長も含めて全員で一致して確認していた。

校長という「名誉職」は、長年教育委員会のご機嫌をうかがって、優等生教師を続けてきた褒美に退職前に数年与えられるもので、決して魅力など感じなかった。いやむしろ、教育委員会、ひいては国家権力のすることを現場に持ち込む「不名誉」な人たちだと思っていた。その象徴的なのは、まだ「国旗国歌法」が制定されるずいぶん前から、卒業式や入学式のシーズンになると「日の丸」をあげ「君が代」を斉唱させようとすることだった。いろんな意見があっても「強制されること」には反対だと教職員は反論する。すると、なんだかんだと理由をつけて強行しようとするか、もしくは「校長の顔を立ててくれ」と情に訴える。

「昭和」の時代の学校を思い出すとき、そんな風景がよみがえる。

高度経済成長からオイルショックを経て、バブルを迎えようとしている時期、僕は教師になった。教師になってどんなことがしたいか、僕は思っていることがあった。

僕が教師になってやりたかったこと。それは種をまくことだった。

僕が接した子どもたちと、お互いの関係性の中で影響を与え合う。その時に感じたことや考えたことが、その生徒の人生に多少なりとも影響を与え、それがまた次の子どもたちへと受け継がれていく。そういうつながりは社会を良い方向に変えるかもしれない。それを種まきだと思った。

教師は、子どもとふれあい、人格形成に影響を与える立場であるから、子どもが成長することを通して、社会の変革に役立てるのではないかとまじめに考えていた。

僕は1960年生まれで、生まれた年に起こった「60年安保」については親からもよく聞かされていた。日本はアメリカと軍事的に一体化することによって、平和憲法があるにもかかわらず、再び戦争に巻き込まれる恐れがある、と大きな反対運動がおこる中で機動隊と学生が何度も衝突し、東京大学の学生さんだった樺美智子さんが亡くなった。

先の世界大戦での日本は、国家権力が教育も統制し、学校の教員は子どもたちに天皇は神である、国家のために身を犠牲にすることが尊いと教えた。その結果、多くの子どもたちは戦場へと向かった。結果としてまじめな教師が戦争に加担したのだ。言い換えれば自己犠牲を勧め、人殺しを勧めた。そして尊い命を奪ったという事実がある。今となれば愚かなことがわかるが、その時には気がつくこともなかったのだろう。また気がついても口を開くこともできなくなっていたのだろう。

だが、そんなバカげたことが再び起こらないと誰が言いきれるだろうか。「教え子を再び戦場に送るな」という日教組のスローガンは、つまり教師の犯した最大の過ちを繰り返さないためである。戦後の教育はそれが出発点だった。

だから国家が教育に何かしらの圧力を加えてくることを、多くの教員たちは警戒していた。例えば戦前の「修身」を彷彿とさせる「道徳」の教科化であり、命令系統を強化する勤務評定や主任制度であり、「日の丸」「君が代」の強制の問題だった。

僕が大学生の頃、中曽根首相はレーガン大統領に向かって、「日本はアメリカの不沈空母になる」と言い放って大問題になった。戦前がひたひた寄せてきているように感じていた。

僕は、自分自身も学校教育の現場にいて、国家主義的な教育が強制されようとするときには、あくまで抵抗したいと考えるようになっていた。また、その戦争の芽を見逃さず、平和を求める民主的な人を育てるための種をまくことが、その時の自分の最善の選択だった。だから、退職する最後の最後まで、生徒たちと直接触れ合える平の教員でいようと決めていた。

20　閉塞感1

戦後の学校教育の歴史は事実上、国家が教育を行うことを進めようとする「文部省」と国民が教育を進めようとする「日教組」の対立によって、進められてきたと言っていい。

「日教組」というと今はおかしなイメージが先行してしまったようだ。国会で総理大臣が「日教組」というヤジを飛ばしているぐらいだから、これまでからも政府はよほど日教組を敵視してきたからだと僕は感じている。それだけ強い労働組合で、政府にとっては都合の悪い批判分子的存在なのだろう。

念のために言うと、日教組は戦争への反省の中から、反戦平和教育を進めることと、自分たちの労働条件をよりよくしようとすることを同時に行う労働組合だ。今やずいぶん弱くなったものの、全国に支部がある。現在、日教組は大きく分裂して「全教」というもうひとつの教職員組合の全国組織もある。

まだ分裂する前、日教組はほとんどの教職員を組合員とする強力な組織力を持った労働組合で、反戦平和路線を主張する組織だった。もちろん政府の方針にきちんと反対のできる労働組合だった。

文部省に対立する日教組の方針は、例えば、学校の最高議決機関はあくまで「職員会議」であるという点や、すべての教師が対等であるために「主任制度」や「勤務評定」に反対してきた点、「日の丸」「君が代」の強制に反対し、教員も労働者であるので「ストライキ」をする権利を主張し、それを実践した点などである。

政府「文部省」と「日教組」の対立は、学校現場でもそのままわかりやすく見られた。

教育委員会は管理職である校長を通して政府の政策を進めようとし、教職員はそれに反対するという構図だ。僕が務めた時の最大の争点は「日の丸」「君が代」の強制だった。教員はほぼ１００％教職員労働組合に加入していた。「教え子をふたたび戦場に送るな」というのは日教組のスローガンだ。戦時中に日本国民とアジア人民に皇国日本の象徴として占領地に立てられた「日の丸」の旗や天皇の世が長く続くようにと歌われた「君が代」の歌を、なぜことさらに「内心の自由」に踏み込んでまで強制しようとするのか、教員からの反発も大きかったし、少なくとも、そういう議論が職場で可能だった。

意見の違いはあるにしても、とにかく教員は、時には国家権力に抗ってでも「教え子を守って平和を守る」という一点に異論はなかった。

55年体制のなかで文部省と日教組の対立は、与党・政府・自民党と野党・社会党・の対立であり、社会党の基盤には、学生や市民、それにストライキを辞さない闘う労働組合が支えていた。それが日本労働組合総評議会（総評）であり、なかでも日本国有鉄道労働組合（国労）や日教組が大きな力を持っていた。

そのような、敗戦後の日本を「平和国家」として理想を追求しようという運動がある一方で、高度経済成長を遂げた日本の学校教育は変化を見せていった。

受験戦争、偏差値教育、つめこみなどの弊害として校内暴力、登校拒否（当時はそう呼ばれた）などが取りざたされ、人間的な価値が尊ばれるよう教育が望まれていった。テレビのドラマでも、当時は「金八先生」や「熱中教師」など好まれるようになった。

そのような文脈でなのか、１９８４年、中曽根康弘総理大臣のとき、「臨時教育審議会」が開催された。

教育は画一化しているという理由で、「教育の自由化」が謳われた。その後「ゆとり」「脱ゆとり」「生きる力」「グローバル人材」などの言葉がその都度流行し、平成のさまざまな教育改革が行われていくことになる。

世の中は昭和から平成へと、急速に変化していき、僕は初任校を異動して、2校目3校目と勤務校を変えた。

中曽根内閣の政治の目玉は1987年の国鉄民営化である。後に中曽根氏自身が認めているように、その真の目的は国鉄労働組合（国労）つぶしだった。

それと並んで教育に関して、首相直属の諮問機関「臨時教育審議会」がおかれ、教育に関して直接に首相が影響を与えるようになっていった。

国労がつぶされていったことによって、国労を最大の単組として力を持っていた総評も力を持たなくなっていく。

日本における労働組合のナショナルセンターとしての日本労働組合総評議会（総評）と日本労働組合総同盟（同盟）が再編統一するという動きがあり、この問題に関して日教組内部で、主流派と反主流派の対立が決定的となった。

さらに視点を広げてみてみると、「冷戦の終結」によって日本の役割の変化が求められ、「55年体制」が終焉を迎える。自民党の保守勢力に対抗していた日本社会党。それを支えていた労働組合の総評の崩壊によって、日教組も大きな転換を迎えていった。

僕は、政治の「学校教育」へのかかわり方が、このころから急に、色濃く変色していったように感じている。

どういうことかというと、中曽根内閣の臨教審が出した答申によって「ゆとり」教育が始まってゆくが、その当時、日本の労働運動は大きな分岐点を迎えていた。教職員組合も同様だった。

結果を先に言ってしまえば、「日教組」は分裂してしまった。組織率は一気に低下の一途をたどり、現在までそれが続く、教職員の労働運動弱体化の始まりだった。

日教組は内部で対立を続けながら、何度かの分裂の危機は逃れたものの最後は左派が日教組を脱退し、残った右派は日教組の性格を大きく転換させ、これまでの方針を変えていった。その結果ついに日教組は分裂した。

日教組は、あれほど対立していた政府文部省との関係を改善し１９９５年、文部省と和解した。

日教組や国労は総評の中心的存在でストも辞さない強力な労働組合だった。当然日本の労働運動は弱まり、教員の力もそがれていった。奈良市の状況も例外ではなかった。

それまで、奈良市はほぼ１００％の組合加入率であったが、職場は同和問題にかかわってきた人たちが日教組に、あとは全教にと別れた。それぞれ組織率は大きく下がった。

さらにより大きな問題は、分裂の動きに嫌気がさした人は組合に加入すること自体をやめてしまった。組合加入率はその後も減り続けてきた。

それはおそらくこうだ。毎年何万円も「組合費」を出して「労働組合員」であることを続けてきたのは、労働組合活動は子どもたちへの教育を為政者の思惑から守り、また自分たちの生活を守るため、政治に対して抵抗するためだった。なのに、政府文部省への対決姿勢をなくした組合に存続の意味を持てなくなったことと、分裂して対立する組合に意味を感じなくなったからだ。

単純に組織率が減ると対決する力も落ちる。

事実、労働組合の文部省（のち文部科学省）との対決姿勢が弱まり、組織率も低下したことと反比例するかのように、国からの号令の力強さが増していったように僕は感じている。

僕は労働運動を熱心にする方ではなかったが、最後の最後まで労働組合員であることを望んだ。それは教員も労働者である以上、憲法28条で保障されている「団結権」や「団体交渉権」、「団体行動権」の労働三権を「不断の努力で保持」しなければならないと憲法で謳っているからで、授業でも生徒たちに基本的人権についてそのように教えているからだ。

今僕の職場で労働組合員はわずか僕1人になってしまった。僕が退職してしまうと、僕の職場でも「労働組合員」は誰もいなくなってしまうという残念なことになっている。

ただ、現在も活動している労働組合員は、どちらも元気で骨があるが。

このようにして、憲法で認められた基本的人権そのものであり、教職員自身の民主化・自由化・社会化を促進していた労働組合がものの見事に弱体化していく過程を、僕は2校目の勤務地において肌身で味わった。

「奈良市だけでもこの分裂を避けられないものか」と学校を代表して発言したことがあったが結局かなわなかった。

日教組が方針転換し、政府文教族にすり寄ったおかげで、教育行政は時の政権のしたいようにされるようになった。

例えば、あれほど反対していた日の丸・君が代問題もそうだ。１９８９年に「日の丸・君が代」問題で広島市の高校の校長が自殺したことをきっかけに、「日の丸」を正式に「国旗」に、「君が代」を「国歌」にする法律が制定された。

当初は教師自身の内心の自由を束縛するものではないと繰り返し説明されたが、そんなことは信じられなかった。予想されたように、それ以降、入学式や卒業式での国歌斉唱時の不起立教員への処罰、国家斉唱時の口パク監視などの、教員への思想統制が平然と行われていった。

現在ではもはや、反対してきた歴史があったことさえ知らない世代がほとんどである。

また、そのことに異をとなる術さえなくなっている。

21　閉塞感2

「55年体制」崩壊の後の1990代前半には、自民党と社会党が連立を組んで内閣を組織するというような、これまで想像できなかったことが起こった。その分、歴史認識についても戦争の加害責任を明確に述べた「村山談話」や「河野談話」が政府の正式見解として述べられた。だが、1990年代後半になると前半の反動か「新しい歴史教科書をつくる会」の登場によってこれまでの学校で教えた「加害責任」を「自虐史観」として否定し、「戦争責任」に言及すると激しいヘイト攻撃がみられるようになっていった。

教科書問題については、1980年代には家永三郎氏が起こした教科書検定裁判が大きな話題となり、太平洋戦争における日本の行為について教科書の「侵略」の記述を「進出」とした検定行政処分を撤回させた第一審判決が出たりするなど、日本の加害責任について学校現場でも堂々と子どもたちと学びあうことが普通だった。

僕は1988年に今も共に活動する友人丸田清重さんと2人で夏休みに1週間ほど沖縄に行き、リュックひとつで実際に沖縄戦の戦跡や基地を回った。当時戦争の傷はまだ生々しく、また米軍基地による被害も至るところにみられた。沖縄の実相について学んだことを2学期に入って社会化の特別授業として行った。そのころはそのような実際的な授業を展開する例は少なく、話題になった。

しかし1990年代後半になると、後に「歴史修正主義」と呼ばれるようなこれまでの歴史認識を覆そうとする動きが強くなった。愛国心の涵養のため戦争のマイナス面や加害の面をことさらに過小評価し、逆に日本人のナショナリズムをあおるようなことが急速に言われ始め、世論も支持していったように思う。「沖縄戦での集団自決」や「日本軍慰安婦」に対する軍の関与はなかったとか、「南京大虐殺はなかった」等の教科書が検定を通り、自治体によってはそういう教科書を使う動きが出てきた。韓国や中国などからは批判がおこったが、歴史認識の問題はこの後もずっと韓国や中国との間で大きく横たわっている。

日教組はというと、すでに分裂して組織力が低下し、教職員の声を束ねて抗う力が弱まっていた。

１９９０年代後半には日教組は文部省と和解していたので、大きな反対もなく「教育改革」はトップダウンで次々とやってきた。

まず「ゆとり教育」。これは児童生徒に詰込み型の学習から「自ら学び自ら考える力」などの「生きる力」を育む教育だという。

個性を生かすとか、学ぶことの楽しさや成就感を体得させ、自ら学ぶ意欲を育てる教育に変わっていくと言われた。したがって体験的な学習を通して、興味や関心のあることを主体的に、しかも楽しく学ぶ教科として「総合的な学習の時間」や「選択教科」が新たに加えられた他、「職場体験学習」などが始まった。

急に降って湧いたように登場してきたこれらの教科に、僕たちは具体的にどうしたらいいのかよくわからず、振り回されている気持ちになった。

「総合の時間」のねらいは「生きる力」「主体的に学ぶ力」という新学力観を柱とするものだった。「横断的・総合的」であり、「関心・意欲・態度」の観点が重視されるということで、大変わかりにくかった。環境問題・情報メディア問題・福祉・国際理解などの社会的問題を体験的に学習するということだったが、一から創造していく「ゆとり」が教員にない中で一応の「体験学習」が組み込まれていくようになった。それぞれの学校で「職場体験」をすることになって、教員が地域に出向き、中学生に体験させてくれる事業所を開拓し、お願いした。生徒を派遣するような実践をしていくことになったが、大変な労力を費やすことになる。また「ゆとり教育」と言い出したころから、「生涯学習」とか「キャリア教育」という言葉がよく聞こえてくるようになった。

学校現場では「ゆとり」と言われた当初から、こんなことは長くは続かないぞ、という意識があった。先輩の先生たちは「この改革はきっと長続きしないよ。今度は低学力になったと言ってすぐにやめるようになるよ。」とアドバイスをくれた。現に文科省は当初から「ゆとり教育」と同時に「基礎学力充実」を週五日制とセットにしており、すぐに学力路線に戻す準備はしていて、実際にその先輩の言葉の通りとなった。

一方で2002年から完全に週5日制になった。とほぼ同時に「分数のできない大学生が増えた」とまことしやかに学力低下をマスコミが騒ぎ始めた。単純に考えて授業日数が減るならば、学習内容は減って当たり前だ。だが、内容にはほとんど変化はなかった。それどころか、その枠組みの中でより効率的に学習が進むようなしかけがつくられていく。また休みになった土曜日には教育的にイベントが打たれたりもした。家庭の事情によって参加できる子とそうでない子が生まれる。ゆとり教育の深刻な側面は格差の容認と拡大だったのではないかと思う。

中学校でも評価の方法が変わった。より主体的に学ぶために、評価も「相対評価」から学習目標がどの程度達成されたかの到達度を評価する「絶対評価」に変わった。

「絶対評価」においては、どのような学習目標を立てるか、またその評価をする観点によって評価内容は変わってくるので、客観的に信頼性のある観点を明確にする必要があるということで４つの観点で評価することになった。それが『関心・意欲・態度』『思考・判断』『技能・表現』『知識・理解』の４つである。「観点」はそれ以前からもあったが、それを「５段階評定」に連動させることになった。

これ以後、テスト問題をつくる際にも、明確に４つの観点別に出題することが求められた。

今ではこのようなことをいう人もいなくなったが、そもそも個人の「意欲」「関心」「態度」を正確に評価できるものではない。また他人が評価していいものかどうか。できるはずもない。結局は持ち物や提出物を忘れた、だとか、授業中にぼんやりしているだとか、で判断することが多いのだが、それは意欲の問題ではなく、性格や個性のなせる業である。

「ゆとり教育」は、個人の個性や性格も含めてすべてを評価していこうとする方向で動き出し、内的な性格さえも数値化されだしたし、教員のしごと量は一気に増大し煩雑になった。

人間のすべてを観点別に評価できると考えているのならば、それはただの教師の傲慢だ。「関心・意欲」も「資料の活用」も「思考や表現」など、本来は密接に結びついてる学習を無理に別々に評価させたことに、たいそうな意味はなかったと思う。

むしろ、生徒と接し生徒と遊び生徒と雑談する時間にともに人生や夢・社会を語るとき、教師と生徒という縦関係を超えて、互いに人格として尊敬しあえるはずなのだが、そこには目を向けていけないようになっていった。

皮肉なもので、「ゆとり教育」によって奪われたのは「教師のゆとり」であった。

僕は2001年から「夜間中学校」という異色の学校に望んで異動した。そこは運動によってできた学校であったので教育の充実を求める声を直接に届けることができていたが、行政面で教育や福祉が削られていく傾向が垣間見られた。

地方自治体への財源移譲が進んでも、地方自治体の多くは財政が困窮しており、教育条件の改善はいくら要求しても財政難を理由に一向に進まなくなった。それどころか費用対効果が少なければ存在すら認めないような風潮が行政機関のあちこちで見られるようになった。

僕はそのころ、「奈良県夜間中学連絡協議会」のメンバーとして、奈良市や奈良県の教育委員会の方とたびたび夜間中学の教育条件について話し合う機会があったが、なかなか改善は見られなかった。悪くならないだけまだまし。教育委員会としても市民運動としての夜間中学運動を相手に強引に削減を進められなかった面もあるのかもしれない。運動体の一面を持つ夜間中学でさえ削減対象になるのだから、もはや組合の力が弱まっている公立中学校では、施設設備の改善はもとより、教職員の増員など教育条件の向上は望めなくなっていった。

夜間中学でも、修業年限を制限するなどの動きがあった。「なんせ財政難で」という理屈で、次第に条件は悪くなっていった。

「ゆとり教育」という言葉は、ひたすら評判を落としていった。

２００４年のＯＥＣＤの生徒の学習到達度調査（ＰＩＳＡ）での結果が日本は芳しくなく、ゆとり教育に対する批判の声があがった。また、学校という職場で教員は疲れ果て、労働組合も弱体化し、教員自身が教育を創造するようなことはなくなっていった。

教育委員会の指示や伝達に対して現場が無批判で従う傾向が強くなってきた。

「学校」が本来持っている、弱い立場の人たちにとっての教育の機会均等の場であることより、「費用対効果」、つまり経済的効率が優先されていった。

教育とは、本来そのような経済効率とはもっとも縁遠いものであるはずだ。だが、それもますます進んでいった。

そのころから「新自由主義」ということばをよく耳にするようになった。

学校の統廃合も一気に進んでいった。

定時制高校の存在が危ぶまれるようになった。

学校運営に関わっても「住民のニーズにこたえる」という大義名分の中で、民間校長の採用をはじめ民間企業の参入が、学校間の競争をあおって加速していくこととなった。

ここにも「新自由主義」がはびこってきた。

その一方でバブル崩壊以降の長引く不景気は、一方で公務員バッシングとなり、教員は公私ともに常に批判にさらされるようになった。

22　閉塞感3

そんななかでも、当時数多くの論評や批判があったが、２００6年、圧倒的多数の反対にも見向きもせず、「教育基本法」が改定された。

この教育基本法の改悪は、「教育内容」の面で国家主義的な色合いが強まるなどのさまざまな部分で当時から批判されていたが、その中でも僕は特に旧法の10条「教育は、不当な支配に服することなく、国民全体に対し直接に責任を負って行われるべきものである」の改悪についての意味が重要だと思う。

戦前、国家権力が「教育勅語」などを通して軍国主義一色にした歴史の反省にたって、国家権力による「不当な支配」は許されないことを、「国民全体に対し直接に責任を負う」という部分で謳っていたのだが、その「直接に責任」というところが削られた。

教育は、子どもの内面的価値感にも関わるのだから、教師自身が子どもの学習する権利にこたえて、子ども・父母・国民に「直接に責任」を負うという意味だったが、これを削られた。代わって、法律の定めるところにより行われることになり、これによって教師は、「法律で決まったから（政府が主導したから）それに従った」という間接責任を負うことになった。言い方を変えれば、教育に対する政府の力が強まった。僕は今でも教師は一人の人間としての僕自身の良心と自主性にもとづいて、教育を行われなければならないと思っている。教員の直接の責任を避けられない。そうならなければ上からの指示待ち教育しかできないことになる。現にその後教育は、上意下達の官僚的なものになってしまってきていると僕は強く感じている。

その後も学校現場に「性教育」について議員が圧力を加えてきたり、「沖縄問題」を授業にしたことに地方議員が圧力を加えてきて教育内容を縮小するようなことが起きてきた。「日の丸・君が代」への教師の内心の自由に対する支配も急速に強まってきた。

日本軍慰安婦問題や戦争中の日本軍の加害行為の授業での扱いを、生徒や保護者との信頼関係の中で真実を模索して構築しようとすることより、批判にさらされないことに気を配るようになり、学校が委縮してきたように僕は感じている。

戦後、多くの教育に関わる裁判が行われてきたが、それは教育基本法の「不当な支配に屈しない」というところを拠り所にしていたが、そのような手段がこの「教育基本法の改悪」によって対抗しづらくなっている。

さらに、2007年、第1次安倍政権下で「教育再生会議」ができる。

中曽根内閣の「臨教審」にしても安倍内閣の「教育再生会議」、第2次安倍内閣の「教育再生実行会議」にしても、首相直属の諮問機関であり、そこで教育に関する方向が相談され、方向性が決まる。当然、その内閣の政治的色合いの濃い人物が選出される。

「教育再生会議」は、つまるところ「ゆとり見直し」の方向が示された。

目玉となったのが「学校選択制」である。

「自由に学校を選べる」のは消費者の権利とばかりに「いい学校」に行ける自由が認められたと言えば

聞こえはいいが、いい学校とは何だろうか。部活？成績？おとなしい子が多くいじめがない？などなど、様々な条件がそれぞれに出されるはずで、いずれもコストがかかる。そこで、学校の統廃合がすすみ、同時に地域市民の学校教育への参加が進められた。コミュニティースクール・中高一貫校などのが進められ、現在では学校評議員制度が導入されるようになっている。

結局のところ、学校現場からの声ではない「選挙の道具」として、学校が最大限利用されるようになってきた、と僕は感じた。

他にも、不景気になってくると「教員は公務員で気楽でいい」というムードが醸され、学校の教員は何かとバッシングにさらされるようになってきたが、出来の悪い教員を排除すればいいとばかりに、教員免許の更新制と学校に外部評価が義務化されることが決まった。こうやって教員は批判にさらされ、平場からの要望はとりあげられず、ブラック化していった。

とにかく、学校現場の教員の声や児童・生徒の実態や声を反映する回路が全くなく、すべてトップダウンで決められていくことに、どうしようもないストレスがかかる。

そもそも、トップダウンのトップの方で決定する会議において、学校現場の営みの詳細が理解されているのか疑問だ。学校の詳細とは、学校の平場で普通に子どもや親と接している、最前線の教師たちの声だ。

２０００年代に入って、校長の役割も変化してきた。各学校において改革を推進できるスクールリーダーとして、自校の経営ビジョンや戦略を描き、適切な組織評価―改善過程を管理し、保護者や地域住民との対話能力が求められ、校長は名誉職ではなく学校現場でリーダーシップをとることが求められ、学校は校長の質によって空気が変わるようになっていってしまった。

行政の首長のいうことをよく聞く教育委員会。そして教育委員会には逆らえない管理職、そしてまじめな教師たち。このような構図が全国的に強まっていったと感じたのはこの時期である。

２００７年には、学力テストが全国一斉で行われるようになった。「ゆとり批判」「低学力批判」の影響を受けたのだろう。

全国一斉の学力テストは全員が受験し、その結果もまた全国一斉で出てくる。そこには競争原理が働き、「学力」向上のための戦略が練られていく。できない生徒は欠席させるとか、答えを教えるなどというバカげた出来事まで報道されることがあった。

この「全国一斉学力テスト」を本当の意味で吟味し、議論を重ねて、反対の意思表明をして行わなかった教育委員会は、全国でたった1つ。愛知県犬山市教育委員会だった。それ以外の市町村はすべて、文科省の政策に追随し、教育委員会も従ったのだ。この学力テストは行政調査だから、市町村教育委員会に行うか否かの決定はゆだねられていた。そのうえで、ただ一つだけだった。

本来、教育委員会とは、政治から一定独立した教育行政機関である。地域の教育を上意下達ではなく、ボトムアップで守ろうとするのが筋だと思うのだが、残念ながら学校現場にいる者としてそうは思えない場面が多くあった。

そもそも「学力」とは何か、をしっかりと議論する必要があるだろう。

また、それとは別に現在の学力ピラミッドが、その人の育った文化的環境や経済的背景、つまり貧困や格差と深いつながりがあると感じているのは、僕だけではないだろう。

東京大学の新入生の保護者の出身大学を聞くと、東京大学の卒業生が多いという話を聞いたことがあるが、学力が家庭の「文化的背景」・「収入」・「教養」などの影響も受けているとすると、教育者は学校の中だけではなく、外へ目を向け、貧困や格差などの社会問題の是正に積極的になることが求められるのではないだろうか。国家はそういうことをされたくないだろうが。

安倍首相は、道徳の教科化を進めようとした。

しかし、国家主義教育を再び進めようとするのではないかというたくさんの反対の中、民主党とのねじれ状態で政治的に行き詰まり、健康を害して総理大臣を辞任し、第一次安倍政権では「道徳の教科化」は実現しなかった。

しかし、後に2012年に再び安倍政権が誕生すると、またも「道徳の教科化」がすすめられ、2020年度にはついに始まった。

2007年のリーマンショックや翌年の世界金融恐慌で、経済的にはますます行き詰まっていった。世間では「非正規雇用」「ワーキングプア」「年越し派遣村」「ネットカフェ難民」という言葉が聞かれるようになった。

働いても生きていけない若者が潜在的にいるという漠然とした不安感が渦巻いていて、不景気の出口が見えず、自死する若者がいたことも時折ニュースになった。

学校で「モンスターペアレンツ」という言葉がはやったのもこの頃である。教師の中には、保護者や生徒からの批判にさらされ、精神的に病んでしまう人も増えてきた。

学校で働く教員も採用人数が一向に増えず、志が高くて長年講師をしていても採用試験に合格せず、いつまでも「非正規雇用」を続ける教員が相当数出てきた。

23　閉塞感4

僕たちは「ルーツを中国に持つ子と親の会　小草（シャオツァオ）」を結成する以前から自然発生的に学校外での教育活動をしてきたのだったが、それは2007年ぐらいからだった。

社会において弱い立場に置かれがちなマイノリティーにとっても生き生きと生きられる、多文化が共生できる社会こそ真に平和な社会であり、それを実現するため自由で自主的な教育運動の1つとしてシャオツァオが生れたのが、教育界が変化してきたこの時期であったのは、もしかすると必然であったのかもしれない。

それほど、1990年代後半から2000年代、そして2010年代と教育界は変化を遂げ、次第に息苦しく不自由な、トップダウンの教育改革の波は立て続けにやってきていた。

その柱は主に「経済効率優先」と「国家主義的統制」だった。

日教組との対立がないままに、2008年には新たな学習指導要領が示された。いわゆる「脱ゆとり」である。

授業時数の増加、小学校の外国語活動、総合的学習の時間を削減する代わりに理数教科に重点を置き、道徳教育の充実・武道の必修化など示される。

2009年、「コンクリートから人へ」をスローガンに民主党政権が誕生する。安倍政権の「教育再生会議」において変更された教員免許の更新制度も、民主党政権に変われば廃止になり元に戻るのではないかと期待したが、結局かなわなかった。

一連の教育の経済効果優先主義と国家主義教育にシフトしていく様子を、もはや学校の現場では論議する余力も残されていなかった。

2011年4月、議会多数を握った「大阪維新の会」は大阪府議会に提出した「大阪府の施設における国旗の掲揚及び教職員による国家の斉唱に関する条例案」（以後、教職員の起立斉唱条例）を審議し6月に可決させた。

この時橋下徹知事は、定例記者会見において、「宗教や出自によって国旗国歌に抵抗のある人間もいると思うが、そのような者は大阪府の教員になるなということか？」との質問に対し「仕事の場に宗教や個人の思想信条を持ち出して職務命令に従えないのならば、他の職を選ぶべきであり、そのような個人の考えにあわせることは民間会社と同じく行政組織はできない」と答え、歌を歌うという内心の自由にかかわる行為に対してまでも、権力に逆らうことは認めない、という姿勢を見せつけた。

「国旗国歌法」が制定される時、自民党幹事長の野中広務氏があれほど強く説明したことを、僕は全く信じていなかったが、まさにそのようになった。野中広務氏は戦前の歴史を体験しているがゆえに、次のように説明していた。「国旗国歌法」は教員1人ひとりの思想信条の自由を侵すものではないし強制するものではない」と。

同じ2011年、「大阪維新の会」は「教育基本条例案」を提出した。教職員を処分するための条例である。校長は国歌を声を出して斉唱したかどうか、つまり「口パク」かどうかをチェックするというひどいことが平然と行われた。だが、この条例案はそれだけでも違法なものだが、真の目的はそれだけではなかった。

知事や市長が教育目標を定めることが明記されている。教育目標を決めるのは政治から一定独立をしている教育委員会の決定事項である。その教育委員会を飛び越えて、市長が教育を牛耳り、意に沿わない教育委員や教職員を処分することが出来るもので、「政治が教育に不当に介入してはならない」という大原則を破った違法なものであった。

さらに「学力テスト」の結果で学校ごとのランクづけを行い、教職員も相対評価して下位5％は無理にでも「D」ランクにする。職務命令に3回背けば免職する規定をつくるという極めてひどい内容であった。ちなみにこの翌2012年、「大阪府教育基本条例」「大阪市教育基本条例」は、大阪維新の会、公明党、自民党の賛成多数で可決され、今も生きている。多分に国家主義的な政治家による教育統制そのものであり、それがまかりとおるところに、ポピュリズムの本質がある。

2014年には地方教育行政法が改定され、地方教育行政に対して首長に新たな権限が与えられた。教育委員会は首長のイエスマンとして学校を支配し、学校は教育委員会に逆らえない校長のリーダーシップ？のもと、批判しない組織になっていった。

考えてみれば当然だが、教育現場が首長から教育委員へトップダウン。そして教育委員会から学校の管理職へのトップダウン。さらに学校では校長からのトップダウン。このような縦社会の官僚制が学校にもはびこってしまった故に、学校現場でのパワハラ・モラハラが頻発するようになったのだと、僕は考えている。立場が変われば言うことも変わるとひらきなおり、権力をかさに自分がえらくなったと勘ちがいした管理職は横柄になり、その下でまねをする有能な?教師も勘ちがいする、そんな光景はあちこちでみてきた。

このようなトップダウンの方式は、国家レベルで言うと「独裁」と呼べるのではないか。

僕が教員になって本当にやりたかったことと、現実の社会はどんどんかけ離れていった。

安倍政権は、悲願である憲法改正にむけても動き出した。

特定秘密保護法の強行採決、実質上の改憲でもある安保法制の改定、である。

新たな動きは、若者たちが彼ら自身のやり方で、反対の声を社会に向かって発信していったことだ。

当時、僕もシャオツァオの仲間たちと、安保法制反対の集会があれば参加し、声をあげた。なぜなら授業で生徒たちに教えていることとちがうからだ。権力が抑制的でなければならないことや「集団的自衛権」は憲法上認められないはずなのに国家権力が平然と法解釈を変更して実質的に憲法を破壊しようとしている動きに、黙っていたら生徒にうそを教えていることになると感じたからだ。

休みを利用して国会前に駆けつけると、若者たちが小気味いいリズムで「戦争反対!」「安倍はやめろ!」「国民なめるな!」とメッセージを発していた。

しかし、数万人が集まっていたはずの国会前の行動が、大きく報道されることもなく、職場である学校の職員室で、この話題が大きく取り上げられることもなかった。

知らない間に、ひたひたと政治に関する発言はタブーのようになってきていた。

国の政治に対して、堂々と批判することのできない時代、それは前の戦争の「戦前」の再来ではないのか。

森友、家計、桜をはじめ様々に問題が起こっている。それによって命を絶った人もいる。が、いずれも大きな問題になっても数の力で押し切られている。そしてやるせない無力感が残る。

教育に関しても国家主義的に統制する動きとしか考えられないが、「教育再生実行会議」をたちあげ、道徳の教科化、つまり道徳心を学校で教え、それを評価するという事態にまで進んできた。まるで戦前の「修身」のようだ。「教育勅語」が学校で教育として利用できるという発言もあった。まさに国家主義的な方向に進められてきた。

道徳は多くの反対や疑問の声もある中で、2020年には教科になり、おまけに道徳的な人間かどうかを評価するところまで進んでしまった。

「シャオツァオ」や「すみれ塾」をしてきた僕たちは、これら社会的な問題にも目を向けざるを得なくなっていった。

奈良市や奈良県には、かつて教師たちが同和教育を確かなものにするために立ち上げた人権教育研究団体がある。この歴史と伝統と現在までの努力のおかげで、毎年様々な研修会を開催して、教職員の人権啓発に取り組めている。

「シャオツァオ」や「すみれ塾」に関わっている先生方は、ほとんどがそういう奈良県や奈良市の人権教育研究団体でも中心的に活動していた。そこでさらに僕自身も啓発され、出会った人たちが増え、またひょんなことから自分自身も奈良市人権教育研究会の事務局長役をさせてもらったりする中で、自然と学校教育と市民活動が結びついていった。

また、夜間中学校で、「学校とは何か」「誰のためのものか」「何をするところか」「学ぶとは何か」と散々そこで学ぶ生徒さんに突きつけられてきた僕にとって、また「国策」の陰で、学校にも行けず底辺でうごめく人たちが、多少なりとも「知」に巡り合い、そこに喜びを感じ世界を広げていく様、まさに「生きる力」にふれた僕にとって、自分が真にやりたいことは一般的には光の当たらない人たちとともにこの社会を変革する行動を創り出すことだった。

学ぶということは知や経験によって、自分の世界を創造することであり、自分自身の解放であると信じたい。それに関わることは大きく大切な仕事だ。僕たちは学校の場でそれを学び具現化することに挑戦し、学校のすぐ隣で作り上げてきた。「ルーツを中国に持つ子と親の会小草（シャオツァオ）」や無料学習塾「すみれ塾」で培ってきた自主と自由の精神は、他の誰でもない僕たちにしかできない財産だということを強く感じていた。

僕が教師になって本当にやりたかったことは、長い教師生活の中でも変わらない。

だが、語るだけでは平和はやってこない。

「平和は、平和を求める運動の中にこそある」

いつだったたか、社会科の「平和とは何か」という授業のなかで黒板に板書したことばだ。

いつか芽の出る日を信じて「子どもたちに平和の種をまく」とはどういうことか。こうやっていくつになっても平和を求める運動を続けている自分自身の姿を教材とすることが、次の世代に対する種まきになるのではないか。そう思うようになっていた。

覆いかぶさってきた閉塞感を打ち破る鍵が、僕たちの市民運動にはあると思えるようになった。同じように閉塞感を感じている教員が、再びいきいきと働けるしごと。誰かのために、そして社会の平和と民主主義の発展のために、僕たちはまだ先頭に立っていたい。元教員たちが立ち上げた団体が「社会を変える」仕事をする社会企業となり、持続可能な市民運動を継続することが出来たら最高だろう。そういう思いが日に日に強まっていった。

早速、僕たちは「特定非営利活動法人（ＮＰＯ法人）格」を取得することにした。

それが「市民ひろばなら小草（おぐさ）」である。

24　特定非営利活動法人

ここに「特定非営利活動法人市民ひろばなら小草（おぐさ）」の認証に必要な「設立趣旨書」がある。

　私たちの地域社会や学校現場で「貧困と格差の連鎖」が進んでいます。厚生労働省２０１４年にまとめた報告によると17歳未満の子どもの相対的貧困率は16・３％でこれは６人に１人が貧困状態であることを示しています。また２０１３年の全国学力調査を分析したお茶の水女子大学の報告によると、世帯の所得の多寡によって、平均点が大きく違うと報告されており、家庭の経済格差が子どもの教育格差につながり、世代間で貧困と格差が連鎖していっている状況がみられます。また様々な事情から不登校になると、高校に進学しても学習を継続できなくなって上級学校でのサポートを受けられません。さらに引きこもりの状態になったりすると、長期間社会から断絶され、再び社会生活に復帰するのは容易ではありません。成人しても周囲との関係をうまくつくれず孤立感を高め、保健・介護・医療等の市民サービスにアクセスすることに困難が生じている場合があります。

　民族的・文化的・言語的・性的・宗教的にマイノリティーであるがゆえ、差別を受けたり偏見の中で生きてきた人たちのなかにも、これまでの人生で自分の責任ではない挫折を経験して、自分自身を肯定的に捉えられずにいる人もいます。

　何らかの事情で躓いてしまった場合、成人して高齢になっても貧困状態が続き、頼るべき何かをもっていません。

「貧困と格差の連鎖」は、どの世代にも孤独と孤立を生んでいて、子どもの貧困による食の問題も、成人や高齢者の孤食につながっています。

しかし誰しも、安全と健康が担保され、人との触れ合いやつながりを求め、生きがいを感じようとしています。どの人にとっても、自分たちが生きるこの社会が、平和で民主的で、人権が尊敬される社会であることを強く望んでいます。

私たちは、この地域社会で、親として・先輩として・学校の先生として・日本各地の人たちの隣人として、それぞれの立場で出会ってきたのは、生きづらさを感じている多くの人たちでした。言語的文化的マイノリティーの立場の人、生きづらさを感じている外国にルーツを持つ家族、経済的事情で多くの人が通う学習塾に通うことが出来ない中高校生、地域社会に居場所も行き場所もない、さまざまな立場のマイノリティーとその子どもたち……。

私たちは、そういう人たちが生きやすいと感じられるように任意団体として、ルーツを外国に持つ親の立場の人たちの集まりや、日本語学習の場、経済的理由により有料学習塾に通えない小中高校生に無料学習塾を運営し学習支援を行ってきました。

また、貧困家庭の子どもたちや障害者や高齢者を始め地域で活動する人たちが立ち寄れる場として「市民ひろばなら小草」を開設し「こども食堂」を運営し、「社会的弱者を支援する市民運動の居場所」としての位置づけもして、全国から人権啓発活動や平和運動の関係者に来てもらい「ひとりひとりの人権の尊重」や「平和への願い」を発信するイベントや集会などの「広報啓発活動」も行ってきました。

これらの事業は一定の成果を収め、毎週2回の無料塾、そして毎週日曜日の日本語学習と中国語学習会も継続して行い、「居場所」の利用団体や啓発のためのイベントへの参加者数も増えてきましたし、行政を含め環境団体や子育て関連のグループ等との連携も進んでいます。そこで今後は、これまでの活動を継続していきながら、さらに多くの人たちとの交流を視野に入れ、他地域への広がりを考えていきたいと思っています。そのためにも、よりたくさんの人に周知されるとともに、事業を継続するために必要な人的・経済的支援のよびかけが必要です。

今回、法人として申請するに至ったのは、任意団体として実践してきた活動や事業をさらに地域に定着させ、継続的に推進していくことと、そして活動を広げていくために多くの市民に知ってもらうとともに、様々な関連団体との連携を深めていく必要があること等の観点から、社会的にも認められた公的な組織にしていくことが最良の策であると考えたからです。また、当団体の活動が営利目的ではなく、多くの市民の方々に参画していただくことが不可欠であるという点から、特定非営利活動法人格を取得するのが最適であると考えました。

法人化することによって、組織を発展、確立することができ、将来的に人権文化の発展に寄与し環境問題、青少年の健全育成に関わるさまざまな事業を展開することができるようになり、地域社会に広く貢献できると考えます。

ところで、2016年には、追い風のように教育的に弱い立場の人たちを救済する法律が制定された。長年の夜間中学運動の一つの成果でもある「義務教育機会確保法」がそれである。

特定非営利活動法人として奈良県から認証を受けるためには、きちんとした「定款」が必要だ。「定款」は団体にとっての憲法のようなものだから、何度も何度も会議をした。すべてが一からの手作りだった。

まずは団体の名称である。

やはりシャオツァオの「小草」という文字にはなじみが深いし、これまでの活動の中心はこの名前とともにあった。

いろいろ議論はあったが最終的に「市民ひろばなら小草（おぐさ）」という名称にした。

そこには弱い立場の人の居場所でありたいし、草の根の市民運動の拠点にしたいという思いがあった。

それには本拠となる事務所が必要だ。

1銭もないのに事務所を借りた。家賃は出せる者で毎月数万円ずつカンパして賄った。だが、他にも駐車場代やら光熱費やら、その他の備品・消耗品が必要になる。

定款も何度も何度も書き換えては奈良県に提出し、様々に書類をそろえて、ついに2017年に結成総会を行うことができた。

NPO法人としても事業収入が得られないかと、これまで関心を持ってきた福島の物産や沖縄の物産で、無農薬自然栽培にこだわって生産しているような食品の販売も試みた。また、僕たちの活動を知ってもらうためにも、「格差と貧困」、また「平和と民主主義」に関わる講演会も開催した。

だが、いずれも収益があがるようなことはなかった。

そんななかでも救いの手が差し伸べられることがあった。

僕たちの活動が一度新聞で取り上げられたのを見て、一度に60万円もの高額な寄付をしてくれる人が出てきたのだ。正直これで5か月間生き延びられた。

今度は、申請していた助成金が通ったとの連絡が入った。

これで、すみれ塾にボランティアで来てくれている学生さんに、夕食代分くらいは渡してあげられる。ボランティアの送迎スタッフにも２００円程度だがガソリン代をカンパしてあげられる。

そうやって、細々とやりくりしてきた。

だが、ＮＰＯ法人にしてよかったかというと、それは実のところあまりメリットはない。

資金をつくるのに有利になったかというと決してそうではないし、人が集まりやすくなったかというとまったくそうではない。むしろ面倒な手間が増えた。毎年の総会の報告や、決算報告である。これらは県に報告し、内閣府のホームページにも掲載される。報告義務を忘れると「過料」が科される。

社会をよくしようとする市民活動に、社会は決してやさしくはないのだ。

ただ、勝手に好きなことをやっている団体が、社会で「法人」として認められたというだけだ。社会的に法人として認められたからには、その責任も果たさなければならない。

今のままでは、同じような志を持っていたとしても、「市民ひろばなら小草」に関われる人は極めて少ないだろう。生活するためには収入も必要だ。

残念ながら、このままでは「持続不能」な市民運動でしかない。

これを5年後か6年後には「持続可能」にすること。そして次の若い世代に引き継いでいけるようにしていくこと。

これが、夢である。

25　すみれ塾からフリースクールへ

話を「すみれ塾」にもどそう。

「市民ひろばなら小草」が特定非営利活動法人格を取得し、事務所を構えるようになった2018年の春ごろから、「すみれ塾」は郡山教室に加えて「奈良教室」も開設するようになっていった。

はじめから「奈良教室」の看板を大々的に挙げて、生徒募集をしたわけではない。

すみれ塾の活動を続けるうちに、不登校の生徒をはじめ、奈良市内の中学校の先生たちからも学習させてやってもらえないだろうかという相談を受けるようになってきたからである。

「市民ひろばなら小草」の当初からのスタッフの松田秀代さんは、夜間中学校で20年間の長きにわたって勤務した異例の先生だ。昼の学校に転勤しても、包み込むような人柄と実践で学校の人権教育や教育相談で中心的な役割を果たしていた。その松田さんが、不登校問題に関心を寄せ、市内の生徒の不登校支援に取り組んでおられる奈良教育大学の生田周二先生を招いた学習会で、あるお母さんと知り合った。

お母さんの娘さんは、中学生になってから登校を渋り始め、やがて家に閉じこもるようになったそうだ。お母さんは、当然ながら何とかしなければと悩んだり焦ったりしたが、次第に娘さんに寄り添うようになり、中学3年生になったころには娘さんの状況が少しずつ上向いてきていた時だったようだ。

そのお母さんと知り合って、自分たちは「市民ひろばなら小草」という団体で奈良市内に事務所も借りていること、また郡山では無料の学習塾を運営していることをお知らせした。そこで、そのお母さんは松田さんの人柄に触れ、そこなら自分の娘も行けるかもしれないと直感した。

しかし、郡山教室は毎回10人以上の生徒が学習していたので少人数での学習を希望する場合に対応できない。

かといって、他に学習できる場所もないので、「市民ひろばなら小草」の事務所を使って個別で学習してみることにした。こうやってすみれ塾の「奈良教室」は、ほぼマンツーマンの形で学習できる、不登校生にも対応する無料塾になっていった。

同じように、学校の先生からの問い合わせや依頼が来ることもあった。

特別支援学級に入級しているわけではないがかなりの学びにくさを持った生徒で、保護者もどうしていいかわからない。そこで、こういう子が放課後に学べる場がないか探しているが、学習塾に行かせるほどの経済的な余裕はない。学校としても放課後の時間にその生徒に対する特別の学習支援の時間を持てない。どこかに学べる場はないだろうかというような相談だ。学生スタッフの中には心理の勉強を専門でしてみようかと思っている学生もいたし、特別支援教育の勉強をしている学生もいた。

その保護者とも相談し本人とも面談した。電車に乗って通わなければならないが、保護者が責任をもって送り迎えをするならばという条件付きで、とにかく受験までの期間の学習支援を始めることにした。

他にもご両親を亡くし、祖母が1人で育てている小学生や外国からの渡日者でシングルマザーのお母さんの娘など、事務所を開設したことにより、少しずつではあるが本当にいろんな立場の人たちが集まれる場所として「市民ひろばなら小草」の「すみれ塾」に声がかかるようになってきた。

それからも不登校の生徒の保護者からの相談は増え、内容も多岐にわたるようになってきた。同時に学齢期を超えた若年層に関わる相談も舞い込んでくるようになった。

例えば高校には進学したものの欠席が続き退学してしまった生徒がいた。その保護者から電話がかかってきた。もう一度高校入試からやりなおしたいが、いわゆる学習塾には抵抗があるという。相談の結果、当分の間「奈良教室」で学習支援をすることにした。半年間の週2回の支援でこの生徒は翌年、無事に高校に入学したが、まだまだそのあとが気がかりな生徒である。

中学校の教員としては、進路を決めて卒業していくところまでは関わることが出来る。しかし、その後もし高校をやめてしまったら、だれもその彼に関われる人はいなくなってしまう。そこに手を差し伸べられるシステムは、残念ながらどこにもない。

他にも、高校3年生で学校に行けなくなり、なんとか高校側の配慮で卒業はできたものの、家で何もしないでいる。「将来のことを考えて、どこかで大学へ進学するために学習できるところはないだろうか」という保護者からの相談だ。保護者の同意も得て、本人と数回面談をした。

最初に会ったときは声に力もなく、どこか暗さを感じる青年だったが、ぽつりぽつりと話し出してくれたことによって、家族内での複雑な関係が見えてくるようになった。親族の中で母が置かれいる立場が悪くなっているのは自分が何もしないで家にいるからだと自分を追い込んでいるようだった。

このような相談は毎日あるわけではないが、一斉に10人以上が額を突き合わせて学んでいる郡山教室の環境では対応できなかった。

「不登校」や「ひきこもり」につながる人は明らかに増加している。そこに共通するのは、皆何らかの「生きづらさ」を抱えていることだった。

夜間中学運動の真の目的を「夜間中学を必要としない社会の構築」だと考えたように、「平和学」では戦争のない状態を「消極的平和」とするのに対して、その原因となる「貧困」や「格差」や「差別」をなくすような取り組みを「積極的平和」だと考える。

僕たちNPOの目的は、地域から平和と民主主義に貢献することだから、この「生きづらさ」を感じている人たちを取り組みの中心に据えるべきだ。マイノリティーや弱い立場の人が生き生きと生きることがなければ真の平和とは言えないし、そこに向かっている運動の中にこそ、平和があるはずだ。

僕たちは、「シャオツァオ」「すみれ塾」に続いて、かねてからいつかは始めたかった事業、すなわち「社会で生きづらさを感じている人たちが生きていける力をつける居場所・学べる場所」を開設する計画を実行に移すことにした。

学齢期の小中学生向けには、居場所・学習場所として、中学校を卒業して途中で続かなくなった人たち向けには通信制高校での学習を支援する「サポート校」として、そしてそれ以上の年齢の人には就労や進学などにつなげていくために力をためる場所として、これらを合わせて「小草(おぐさ)学園」として開設しようではないか。

まずは「小草学園」の第一歩として、学校で生きづらさを感じて不登校の心配がある子どもたちの支援ができるフリースクールとして「学びのフリースペース小草(おぐさ)」を開設すること。そのために「市民ひろばなら小草」をフリースクールが開設できる広さを持った場所に引っ越しすることにした。

２０１９年の暮れ、これまで慣れ親しんだ「市民ひろばなら小草」を離れ、若草山の見える近鉄奈良駅から徒歩5分の場所に、僕たちは引っ越した。小草学園「学びのフリースペース小草」が開設できるように。開校の予定日は２０２０年5月3日、マスコミに連絡して「学校説明会」をその一週間前に行う。そのための、ポスターやチラシをつくり、配布すること。新聞社を回って広報をお願いすることも大切な準備だった。

それに5月には開学記念の講演会を開催することも決めていた。

講師のお願いをしたのは、前川喜平氏である。

前川氏は、加計学園問題で「総理のご意向」という「文書」があったかなかったかの調査を省内で行っても出てこなかったときに、「あったことをなかったことにはできない」と当時の状況を暴露した元文部科学省事務次官である。

すべて小草学園の構想の第一弾「学びのフリースクール小草」の立ち上げのため、準備を進めていた。

日本では、普通教育は「学校」が独占している。しかし、例えば欧米での教育運動は、学校外に市民や保護者が作った学校がある。「オルタナティブスクール」や「デモクラティックスクール」と言われるのがそれだ。それらは、個人個人の発達を長期的に見守り、状況に応じて対応を自分たちで変化させながらも、自分で考え、自分の意思で自分の人生を生きる力を身につけることに主眼をおいている。

まさに国家による教育機関ではなく、市民による教育機関だと言える。日本でも少しずつ広がりを見せている。

僕たちは、学校に勤め学校の教員という立場で、「教育」を現場で担ってきた。その大きな力を知っている。だが、隙間も見てきた。「教育」が変遷する様も。

せめて、漏れ落ちる人たちが再び力をつけて社会に出ていける「場所」をつくりたい。これこそ僕たちNPO法人に貫かれている「ミッション」なのだ。

僕も教員として最後の年を迎える。もうそんなに時間は残されていない。

この活動をせめて「持続可能な市民運動」にして次の世代に任せられるところまで、やり抜こう。「シャオツァオ」を始めたころからの仲間たちとともに、「夜間中学運動」から受け継がれてきた、願いと思いで大きな課題に向かっていく、そのつもりだった。

しかしそのころ、つまり2019年度の終わり、事業に充てる予定にしていた「助成金」の申請が不合格だったことがわかった。2019年度は請けていて、引き続いての申請だったので2020年度も大丈夫だろうと考えていた。

甘かった。

会の運営に一気に暗雲が垂れ込めた。

さらに新型コロナウイルスの感染拡大を懸念して予期せぬ事態と向き合うこととなった。

26　コロナ禍のすみれ塾

２０２０年度４月、新しい年度が始まった。

僕にとっては、教員としての最後の年だ。

すべての学校は、３月から新型コロナウィルス感染防止のための休校措置をとったままだ。中学校でも入学式だけを45分で終わらせたのみで授業はまったく行われず、２、３年生にいたってはまだ新学級のクラス発表も終わっていない状態がしばらく続いていた。

僕たちの市民教育運動もことごとくできなくなった。

全国的な規模でコンサートや各種のイベントは中止になった。僕たちも熟議を重ねた結果、５月に予定していた前川喜平氏を講師に招いての「教育講演会」を中止にすることにした。

日曜日の「ルーツを中国に持つ子と親の会　シャオツァオ」は借りている「夜間学級」が使うことができなくなり、また感染予防のため中止にせざるを得なくなった。

中国「武漢」で発生した「新型コロナウィルス」が拡大し、その結果報道される中国人に対する「白い目」を気にしてだろうか、「シャオツァオ」の保護者達はすぐに自粛すると決断した。中国から来ている保護者は、万が一にもこの活動の中で感染者が出たらどうなるか、と感じていたのだろうか。それは直接に確かめることもできなかった。

「すみれ塾」についても学校が休校しているのに、「無料塾」だけを開催することはできないだろうと判断した。何より、万が一にも感染者が出たら、と思うと怖かった。

学校は4月から5月になっても休校は続いた。

ところが、学校は休校していても、有料の学習塾は通常に近い状態で続けていることが判明してきた。これには驚いた。進学塾に通わせている保護者にすれば、学校が休校であろうと塾が続けてくれていれば、子どもの学習はできるから安心なのだろうか。

もともと「すみれ塾」は、有料学習塾に通えない子どもたちと、塾に通っている子との学力格差を是正しようとして立ち上げた活動である。なのに、「有料塾」が開催しているのに「無料塾」が中止していては、学力差はますます大きくなるばかりだ。

これは「すみれ塾」を早くに再開しなければならないと、焦りが出てきた。でも、事はそう簡単ではない。本当に対面で再開していいものかどうか、保護者も不安があるだろう。また学生スタッフの感染リスクは回避できるのか。大学もすべての授業がオンラインになって対面授業はしていない状況だ。そもそも教えてくれる大学生のスタッフがいないのだ。大学での授業がオンラインなっていて、遠くから来ている学生は故郷に帰っている。また、新入学生への勧誘活動も全くできないのだった。

そこで、すみれ塾のオンライン化ができないか、検討してみた。

例えば、メールで課題を配信して、解答したものを返信してもらい、それに添削して返すという方法をやってみた。しかしメールのアドレスへの返信がなかった。近ごろはＳＮＳでの通信が中心になっていて、メールでのやり取りもしなくなっているらしい。

あれこれ試行錯誤を繰り返し僕たちがたどり着いたのは、今や通信ツールとしてはすっかりメジャーになった「LINE」というアプリケーションだった。中学生やその保護者にとってはメールよりも「LINE」が使いやすいようだった。そこで塾生ごとに個別のグループをつくってみることにした。塾生1人ひとりのグループに学生スタッフが複数名入って、問題の解説や質問などを集中的に行うスタイルで学習を再開した。学生さんたちはさすがだ。これまで同様に毎週2回、19時から21時までの同じ時間帯で、要領よく中学生の学習の支援を行っていった。顔は見えないものの、1人ずつをサポートするグループになっているから、その気になればどんどん進める。

例えば、ある日の中学3年生女子のための学習グループをのぞいてみると、次のようなやりとりが記録されている。

学生スタッフ「英作文は主語、動詞、それ以外に分けるのがポイント」
学生スタッフ「動詞はどれかな？」
生徒　　　　「is」
学生スタッフ「そう‼　日本語訳なら「いる」にあたるよね」
学生スタッフ「それが「いない」だから英語だとどうなる？」
生徒　　　　「is not ですか？」
学生スタッフ「そゆこと‼」

学生スタッフ「で、「家に」があるから」
生徒　　　　「at home」
学生スタッフ「なんでしょう?.」
学生スタッフ「英語で」
生徒　　　　（中略）
生徒　　　　「Mr.Hill sings songs will」
学生スタッフ「will と well ミスった?.笑」
生徒　　　　「ミスりましたw」
学生スタッフ「よかった笑」
学生スタッフ「例えば、文字数をかせぎたい時とかには、テキストにもあるように very well とか使うのがよき」
学生スタッフ「大丈夫そう?.」
生徒　　　　「大丈夫です‼」
学生スタッフ「あと、分からないところある?.」
生徒　　　　「文章問題の解き方教えてほしいです！」
学生スタッフ「まず、文章問題は問題文に目を通しておくのがポイント！」
学生スタッフ「それから英文を読んで、問題にある単語とか内容が出てきたら注意深く見るっていうのが

生徒　　　　　　基本的なやり方かなあ」
学生スタッフ「あ〜ありがとうございます。」
学生スタッフ「解き方のポイントはこんな感じで、あとは単語力かな。単語はしっかり覚えていこう」
学生スタッフ「終了5分前になったから宿題のお知らせしとくね‼ 来週までに見開き6ページやってきてね。できそうだったらどんどん進んでもらっても良き」

僕たちは、学生さんたちのSNS上での軽妙で自然なふるまいの中に見せるやさしさに、到底まねのできない素晴らしさを見た。この学生さんたちは数年のうちに「教員」として学校現場にたつことだろう。その時に「学校」はどのように彼らを育てていくのだろうか。

２０２０年度はコロナ禍の休業という大混乱の中はじまり、２か月もの間、完全に学校はストップしたが、僕たちは何とか「すみれ塾」を取り戻した。

しかし前年度まで受けることが出来た「助成金」は審査から落ち、この先の財政の心配をしなくてはいけなかった。まず、すみれ塾の奈良教室に使っている部屋の家賃の支払いだ。「学びのフリースペース小草」の広報もままならず、５月開校はしばらく延期することにした。

しかし先延ばしにしても、よい兆しは見えなかった。むしろ学校が休校している期間中に、さらに不登校は増え、再び学校が始まった時点から始めなおしたのでは、ますます後れを取るのではないか。

結局2か月遅れで7月には開校式を行うことにした。

5月スタートのはずが……

ただ、説明会にも開校式にも、1人の参加もなかった。いや1人きてくれた。「あかるいみらい準備室」というしょうがい者や引きこもり当事者をサポートをすることを目的にした団体の山口まゆみさんだ。

不登校には様々な事情が背景にあるのだが、この社会に生きづらさを感じている人が「不登校」や「引きこもり」の傾向にある。親は自分が死んだあと、この子はどうやって生きていくのだろうかと心配する。

ここでも「生きづらさを感じる」点でつながっている人がいた。

27　無料のフリースクールが必要

「学びのフリースペース小草（おぐさ）」（以後「フリースペース小草」）の開校式は、長い時間をかけて準備していたわりにはさみしいものだった。

でも、こんなところでめげてはいられない。

僕は幸い学校に勤務していたので、今どんなに不登校の生徒が多いかを知っている。本人はもちろん、保護者にとっても「普通」どおりにいかない我が子をどうしていいものか、悩みぬいている現場に直接にいる。

だから、そういう保護者が1人で悩まずに、少しでも話をできる場所として数人に紹介した。藁にもすがる思いでやってきた保護者は、自分の心の内を吐露してくれた。目に一杯涙をためる、どころか時に大泣きをしながら、思いが伝わらない自分の子どものことを語ってくれた。

それから何か月もの間、そのお母さんは一週間に一度、フリースペース小草に来て相談して曜日を決めては語ってくれた。

担当してくれたのはその年に早めに学校の教員を退職した松田秀代さんだ。同じ親として、また思春期の体や心の変化を専門的に学んできた知見をもって、親身になって、なおかつ冷静に、取り組みやすい提案をしていった。

母親としては何の変化もないように見えても、話を聞いてもらって整理すると、子どもたちは少しずつ

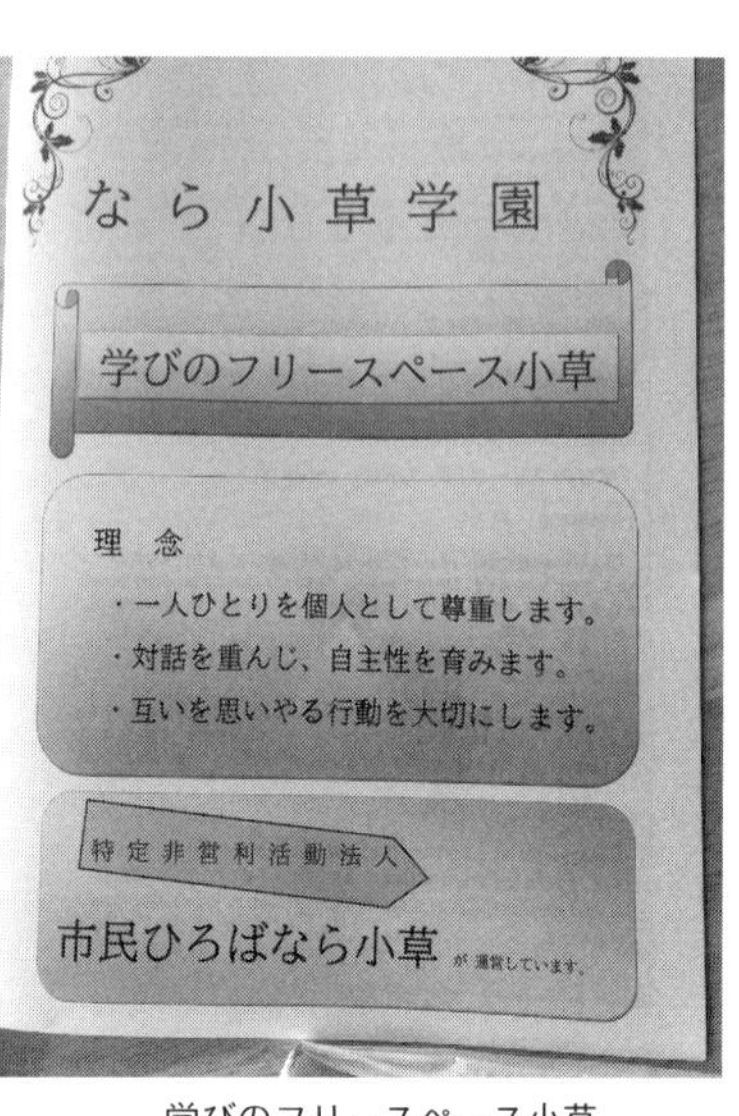

学びのフリースペース小草

でも成長していることに気がつく。それを母親が理解するだけでも十分な成果だった。

これを数か月かけて、行きつ戻りつをゆっくりしながら、12月には不登校当事者である本人がとうとう「フリースペース小草」にやってこれるまで回復することができた。もちろんそれ以後も一朝一夕にはいかないが。「フリースペース小草」の生徒が在籍する中学校を訪問して学習の様子を報告し、学校での出席の扱いをお願いし、認めてもらった。

他にも同様に週に1回ずつ参加する生徒が全部で4人、「学びのフリースペース小草」に来るようになった。それぞれに違いがあるが、保護者と相談すると、1人ひとりが、様々な環境のなかでもがいていることがわかった。保護者も同様だ。

子どもたちのペースに合わせて曜日を振り替えて、無理なく参加できるようにした。長く不登校が続いている生徒の学習は、小学校からやり直す必要があったが、プライドもあるので今の学年の教材を利用しながら、うまく復習をした。時には頭が痛くなることもある生徒もいて、少しの時間、体を休めることもあった。休憩時間にイラストを描いて見せてくれる生徒もいた。どの生徒も自分のペースで、努力できる子だった。

中学校の先生に報告し連携することによって、学校の先生が生徒の様子を見に「フリースペース小草」に来てくれることもあり、子どもたちにとってはますますの励みになった。

すでに、もう冬になっていた。退職して全く無給となった松田さんがここまで1人で保護者と生徒を相手に踏ん張ってくれた。

学校では、毎日激しくスケジュールが進んでいく。その一方でその波には乗ってこられない生徒がいるのも事実だ。すべての子に「普通教育を受ける権利」があるのだから、不登校の子にとって、「学びのフリースペース」は大変大きな意味を持つ。

ただ、どうしてもネックになるのが、お金の問題だ。

不登校に悩む保護者や本人は、学校には行けなくても学校でするような学習をしたいと願っている。しかし、義務教育に関する費用は憲法で無償と謳っているが、フリースクールにはどのような支援も一切ない。会場費・設備費・人件費・教材費その他の負担はどうしても必要になる。

「学びのフリースペース小草」は貧困問題に取り組んでいる僕たちが運営するのだから、他のフリースクールと比べても料金を破格に抑えてきた。だが、「すみれ塾」と同様に経済的に苦しいと感じる家庭にとっては、月に数万円は高いハードルだ。何とか無料のフリースクールを実現できないだろうか。憲法26条に義務教育は無償だ」と謳っているではないか。

そう、僕らには力がない。1人ひとりが名もなき草のような庶民だ。そこで、僕たちはここでも、多くの人の善意に素直に頼ろうと決めた。だから庶民の中に息づく「あたたかさ」を信じてみよう。そこに救いを求めよう。

それが、「小草基金」の開設である。

「小草基金」。正式には、「経済的に困窮している家庭の不登校の子どもも『フリースペース小草』で学べるための『小草基金』」である。

正式にお願いの文書をつくってSNSなどを利用して、広く「お願い」を呼び掛けた。

現在まだ相変わらず経営としてはくるしいが、何人もが呼びかけに応じて寄付をしてくれている。「世の中まだまだ捨てたものじゃない」、そう思えるような社会であるし、そうあることを最後まで信じていたい。

お願いの文書には、次のように記している。

近年、不登校による課題はさまざまに多様化していますが、コロナ禍で一層顕著になっています。学校で生きづらさを感じる子どもたちも同じように学び成長するためには、学校外の手助けが必要です。それがフリースクールの役割ですが、フリースクールには公的な費用は一切ありませんから施設の家賃・スタッフの人件費・学習教材・体験費など、相当額の費用を保護者が負担しなければなりません。しかし、不登校で苦しむ子どもの家庭が必ずしも経済的に余裕があるわけではありません。いやむしろ困窮されている家庭が多いと私たちは体験的に感じています。

現在、私たちの運営している「フリースペース小草」には4名の子どもたちとその保護者が、様々な事情を抱えながら学び、相談されていますが、いずれも経済的に余裕があるわけではありません。私たちもぎりぎりまで切り詰めて費用の発生を抑えていますが、その限界は近いうちにやってきます。その結果、フリースクールを最後の頼りにしていた子どもが来れなくなり、保護者は自分を責めてしまうでしょう。

その結果、弱い立場の人が、ますます弱くなるという社会の傾向が強くなってしまうでしょう。

変化の激しい現代社会において、格差と貧困は連鎖して最も弱い立場を追い込み、そこで一度躓くと立ち直ることが難しくなっています。私たち「市民ひろばなら小草」の法人の使命は、この連鎖を心ある人々の善意で是正していくことであり、微力ながらも全力で果たしていきたいと考えています。

このお願いをしてから1年後、僕たちはとうとう「学びのフリースペース小草」を完全無償化する方向に舵を切った。

公的な補助が全くない民間のフリースクールとしては、おそらく日本で初ではないだろうか。

当然周囲からは心配の声が聞かれる。しかし日本国憲法26条はすべての人に「普通教育を受ける権利」を保障し、さらに「義務教育は無償」であると謳っている。しかし実際に不登校の生徒が通えるフリースクールでは多額の費用の負担が発生するというのならば、経済的に余裕がなければ普通教育を受けられないということを容認するようなものだ。それは間違っている。大きく言えば憲法の理念に反するではないか。登校しないことが悪いわけでもないいし、不登校生の自己責任でもない。かつて「強くなければ生きて

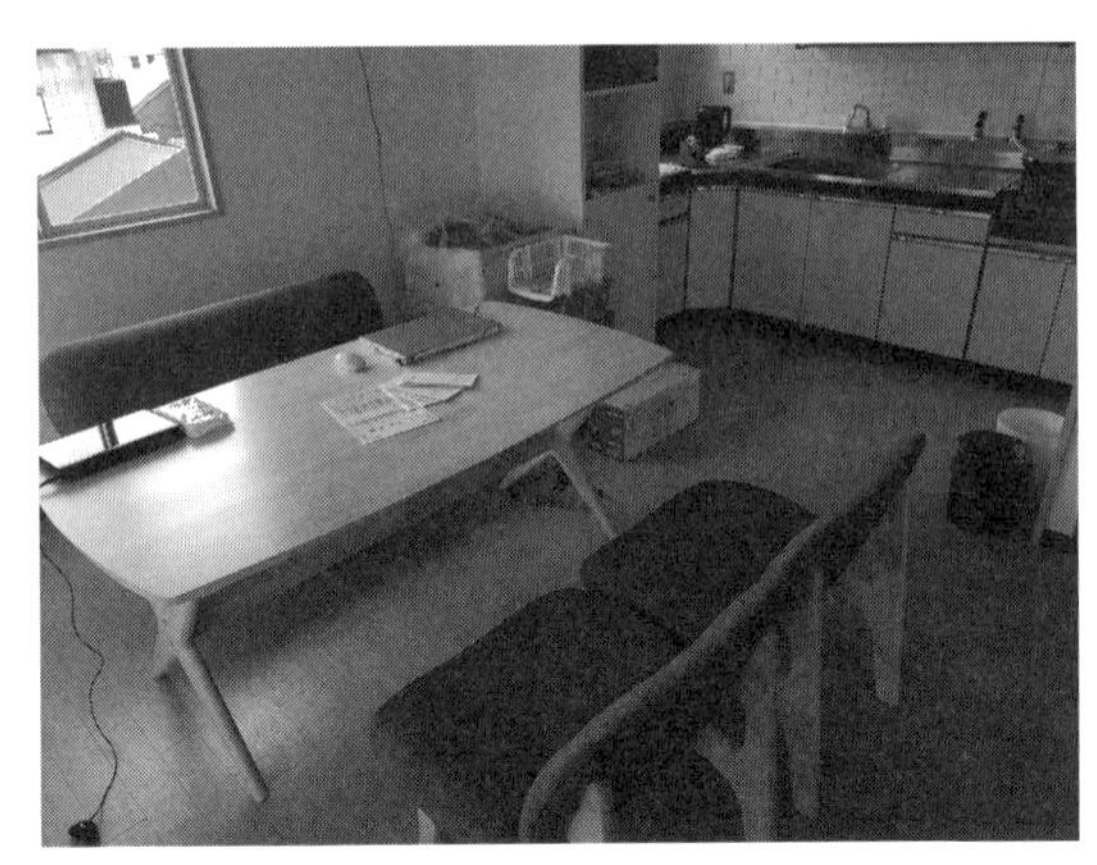

日差しが明るく若草山が眺望できる学習室

いけない」なんていうセリフのＣＭがあったが、それを良しとするものはもはや教育ではない。弱いことも負けることも悪いことではない。皆、尊いのだ。すべての人に無償の普通教育は必要なのだ。

問題は資金だ。根拠はないがこれはきっと何とかなる。世の中はそこまで捨てたものじゃないはずだ。毎月１０００円の基金を出してくれる人が２００人いれば何とか続けていける。理解して協力してくれる人がきっともっとたくさんいる。

だから僕たちは、弱者の学びこそが社会を変革するというパウロ・フレイレの教育理念に加えて、自由な表現で自己を創造していくフレネ教育メソッドなどを学び実践しながら、僕たちにとっての理想の普通教育を模索していけばいい。

28　ラストの1年

さて、僕の教員としての最後の1年となった学校生活についてだ。

38年間の教員生活の最後の年だが初めての経験が多かった。それほどにコロナ禍によって社会は変わったといえる。

２０２０年度、本格的に始動したのは、ようやく6月に入ってからだった。

新型コロナ感染の防止のために、はじめは学級の半数ずつが分散して登校するなどスロースタートに見えたが、いざ始まると3か月の遅れを取り戻すために一気にハードな生活になった。

子どもたちはというと、久しぶりの登校の上にクラス替えをして新しい教室に入ったのが6月だったものだから、はじめのうちはおっかなびっくりだった。それでも子どもは順応性が高いのか、あっという間に「３密回避」の指導とは裏腹にどんどん「密」になっていった。子どもたちに、ソーシャルディスタンスはありえなかった。

授業は通常よりも時間を短めにしながらも7時間授業を随所に入れて行った。何といっても3年生は受験を控えている。

その一方で、1人ひとりにタブレットパソコンを渡して、学習指導などに使えるようにしていく。1台1台のパソコンは貸出なので、その管理に神経を使う。またパソコンは簡単に様々なサイトにアクセスできるものだから、初歩的な使い方から情報モラルに至るまで、生徒1人ひとりへの対応はもちろんのこと、保護者への説明も丁寧に行わなければならない。

当初休校中に奈良市がとった保護者対象のアンケートでは、新しい学習方法の要望は少なかった。休校中の課題配布についても今後も従来通りの対応をしてもらうことを望む声が大半で、昨今のSNSのトラブルを心配してパソコンを自由に使わせることに対する批判の声が届けられることもあった。しかしおかまいなしに「ギガスクール構想」のプロジェクトが奈良市内の小中学校に下ろされてきた。

とにかく学校現場は大混乱の中、トップダウンで次々と新しいプロジェクトが学校現場に下ろされてきた。ウェブ上から問題集を棚卸してきて、各自のペースで学習し、家からでも宿題や課題を提出する。逆に学校からの連絡は、パソコンのソフトを使って流しておけば、それで「やった」ということになる。

先生たちは、パソコンの画面に映す毎回の授業教材をつくり、それをウェブ上で提出させて点検する。さらに授業中に実際に使用するためのペーパーをつくり、生徒の提出したプリントやノートも点検しながら、進めていくという殺人的なハードワークが強いられた。

熱心な先生になればなるほど、家に持って帰ってこなす仕事量は想像以上で、午後8時に自宅に帰り、夜12時に眠ったら午前2時には起きて授業教材を作るという日々を繰り返していた。

夏休みも例年の半分程度しかなく、教員は残された業務をこなすのに休暇をとることなどできる状態ではなかった。

不登校傾向だった生徒は、はじめ1、2週間ほど頑張って登校していたが、見る間に登校することが出来なくなった。むしろこれまでなんとか学校に来ていた生徒の中にも、登校できなくなる生徒が増えだした。全国規模で新型コロナ感染対策によって、学校に来られなくなった生徒が急増しているとの報道も見られた。

学校は集団活動の場でもある。その中でも行事は生徒にとっての楽しみだ。規模を縮小したり、方法を変えたりして、なんとか生徒が参加できるように最大限工夫した。

「文化祭」も「体育大会」も生徒にとっては重要で、特に3年生にとっては思い出に残る行事である。なんとか、これも工夫に工夫を重ねて中止にせずに開催した。

修学旅行も2年前からの計画で沖縄に行くことが決まっていたがいったん白紙に戻し、長野県方面に行き先を変更した。もちろん、修学旅行としての学習の意義を踏襲し、「平和学習」や「自然体験学習」を盛り込んだ行程にして。

6月までが休校だったので、これらの行事は9月になって一時に集中し、教員はその準備に大慌てだった。秋が過ぎ、特に3年生は受験のための資料集め、テストと採点、進路会議が連続し、内申書の作成や高等学校との連絡など、ミスのできない仕事が続く。その一方で中学校はどこも毎日の生活指導に日々頭を悩ます毎日でもあった。

おまけに2020年度はそれだけでは済まなかった。コロナ禍の中で、ＩＣＴ教育、いわゆるギガスクール構想が拍車をかけて進められ、本来は5年間をかけて進めていく予定だったものを、わずか半年間で「これでもかこれでもか」と導入してきたのだ。現場でそれを進める教員への圧力はとても大きなものだった。

首長の指示を教育委員会が現場にトップダウンで下ろし、委員会が決めたスケジュールの通りに学校の管理職は進める。平場の教員が学校の実態に即して取り組みやすいように工夫してつくった計画は変更され、それに合わせて右往左往した。

聞くと、同じ奈良県内でも奈良市以外は、ようやくタブレットパソコンを1人ひとりに手渡したぐらいのスピードだったが、奈良市は他市町村に先駆け他市町村を引き離していることをアピールするかのように、教員には無理を押して進めてきた。早々に生徒にパソコンを行き渡らせ、次々に新しいアプリケーションを入れ、校内で期限を切ってノルマを与えて使わせた。そして使用したかどうかについて調査をすすめ、まだ終わらないのに次のアプリケーションが導入されてきた。

思春期の中学生なのだから、人間関係でも躓くし、失敗もする。いじめも起こるし、けんかもある。今はSNS上のトラブルがいっそうそれをわかりにくく複雑にしている。部活動もある。そんな生活指導を毎日こなしていくのが日常の学校生活だ。

そういう日常の、さらにそのなかに、あわただしく「ギガスクール構想」によるタブレットパソコン使用が進められていくのだ。

ICTが悪いというのではない。学校ごとの事情にはおかまいなしにノルマを決めて強行させるやり方が議論の余地もなく進められていくことに問題がある。そしてこの力づくのやり方に慣れさせられていく。

これに誰もストップをかけられない。

教員は過労で疲れ果て、体調を崩してしまう先生も出てくる。

「働き方改革」だという掛け声は聞こえてくるが。

年が明け２０２１年が始まり、学校での仕事はさらに忙しくなった。

1月から、受験の準備にてんやわんやの毎日が続いていた。

2月には悲喜こもごもの私立・公立の入試が始まった。

年度末はただでさえ忙しい。短い日数の中で、卒業式の準備や年度末の会計処理、成績処理はもとより、この1年間の取り組みをまとめ、次年度に生かすための話し合いをしないといけない。

2年生は進級すればすぐ3年生、修学旅行の準備は入念に行われなければならない。

3月を迎えた。さまざまな困難があった２０２０年度も残すところ後1か月となった。

学校では、卒業式に向けた準備が進められた。

卒業する生徒たちを、僕たち教員はどのように見送るのか。

卒業する生徒たちに、僕たちはどんなメッセージを贈ってやれるのか。

僕自身にとっても、38年間の教員生活の最後の1か月になる。

教育委員会から「コロナ禍なので卒業式の時間は60分以内で」という通知が出た。こうなればそれを守りながら、その中で最高の卒業式にしてやろう。義務教育を終える子どもたちを精一杯送り出そう。

生徒たちは受験の真っ最中だが、ちゃんと自分たちの言葉で自分たちの「答辞」を述べられるようにしよう。自分たちの「これから」を振り返り、次のステージに生かせるようなものを。

ちょうど3月11日が近づいた。10年前、東日本大震災で大津波に飲まれた階上(はしかみ)中学校の「答辞」が取り上げられたニュース映像をネットで探してきて、生徒と教師全員で見た。涙をこらえきれずに答辞を読む生徒の姿に、自分たちの卒業の姿を重ねた。

「命が宝」

ぼくが学校の教員になってやりたかった「種をまくこと」。

その種とは「命を一番」にする考えと行動だ。

「死ぬな、殺すな、殺されるな」

歴史を直線に例えるなら、僕が生きている時間はそのなかのわずかな「線分」に過ぎない。その線分は「過去の歴史」に続いており、「未来の歴史」に続いていく。「不易と流行」というが、僕にとって教師の仕事の目的は、過去からの不易の価値観をまっすぐに、より正しく未来への直線につなげられる社会のワンピースになることだ。不易の価値観とは「生命と人権」を尊ぶことだ。だが新しい通信システムが学校に一気に流入されることばかりが注目され、「生命と人権」の価値が力を失っているように感じる学校の教員は僕だけなのだろうか。

昨今「歴史修正主義」と呼ばれる、あったことをなかったことにする動きがある。だが、臭い物に蓋をするのではなく、そこに向き合うことで未来につなげてゆけるはずだ。

教育の目的は命を軽んじてきたすべての歴史を反面教師として学び、「命こそ宝」、命を傷つけそうなあらゆるものに力を合わせて抵抗すること。その種をまきたかった。

29　最後の授業

卒業式の「答辞」の終盤では、卒業生が歌を歌う。「旅立ちの日に」という、今となっては小学校から高等学校まで多くの学校で歌われる卒業式の定番ともいえる歌だ。

3月に入って、3年生の学級会活動として、この歌に込められた思いを描いたドキュメント番組を生徒と一緒にみた。

この歌は、1991年に埼玉県の秩父市立影森中学校の教員によって作られた合唱曲である。作詞は当時の校長であった小嶋登、作曲は音楽教諭の坂本浩美（現・高橋浩美）による。この歌がつくられた当時は、学校はいわゆる「荒れ」の中にいた。ドキュメント映像によると、戦後の「代用教員」から出発した校長が「歌の持つ力」を信じ、「歌の力」によって学校の「荒れ」を克服しようとした。教師たちはまとまって、この「歌の力」で学校を立て直すという目的を持ち、日々の教育に当たったそうだ。そのまとめとして卒業式を前に行われる生徒会主催の「送る会」の場で、先生たちからの贈り物として教師みんなでこの歌を歌った。その感動を受け継いで翌年から卒業式で卒業生が歌うようになったのが、全国で歌われるようになる始まりだそうだ。

僕は正直にいうと、その「歌の持つ力で学校の荒れを克服する」という目的自体ではなく、それを学校の教員が共通のものとして取り組んだという教職員の自発的まとまりと、そのようなことができた「自由さ」に感銘を受けていた。

学校が教育委員会に言われたとか、指示があったというのではなく、学校独自に「ボトムアップ」で卒業式に向けて歌を贈るという取り組みができた、その自由な発想とそれを成し遂げる時間や精神的な余裕があることに素晴らしさを感じた。

「スクラップ　アンド　ビルト」といって、新しい発想の取り組みを新鮮なものにすることは大切だというのはよくわかっているが、今はスクラップもビルトも、教職員自身が担って、提案し、実現することは難しい。

それほどにトップダウンで学校は回っている。

僕は、学校の教員としての最後の教え子たちに、「種まき」としての自分なりのメッセージを贈ろうと思った。

卒業式が行われる4日前、「卒業生を送る会」で教員による劇をした。先生方はみんな慣れない役者を演じてくれた。その愛情溢れる姿を生徒たちに見てもらいたかった。

卒業式の3日前、とうとう社会科教員として行う最後の「授業」となった。

最後の授業は、3時間連続の特別講座として、有史以前からの「パレスチナ問題」を扱った、その3時間目だった。驚いたことに奈良教育大学の太田満先生が花束を持って僕の最後の授業の参観にかけつけてきてくれた。太田先生とは人権教育を通して知り合い、これからの人生で「市民ひろばなら小草」を共につくっていく仲間だ。

パワーポイントで流れを説明し、第2次大戦終結後に解放されたナチスの収容所から出てきたぼろぼろになった人たちに、ドイツ人が「自分たちは知らなかったんだ」という。それを聞いたユダヤ人収容者たちは「いいや、あなたたちは知っていた」と返す。

「知らなかった」では済まされない現実を前に、本当は「知ろうとしなかった」のではないか、と問い返した。この授業で生徒たちと共に考えたかったポイントのひとつだ。「今」の僕たちにつながるものがあるのではないだろうか、と。

授業終盤、パレスチナ問題は2001年の同時多発テロ以降も現在に続く「報復テロ」にも触れながら、合間に「死んだ男の残したものは」という歌を流した。

昭和のころ反戦歌として親しまれた、その歌詞を見てゆく。

「死んだ男の残したものは」　　谷川俊太郎作詞・武満徹作曲

1.
死んだ男の残したものは　ひとりの妻とひとりの子ども
他には何も残さなかった　墓石ひとつ残さなかった

2.
死んだ女の残したものは　しおれた花とひとりの子ども
他には何も残さなかった　着もの一枚残さなかった

3.

死んだ子どもの残したものは　ねじれた脚と乾いた涙

他には何も残さなかった　思い出ひとつ残さなかった

4.

死んだ兵士の残したものは　こわれた銃とゆがんだ地球

他には何も残せなかった　平和ひとつ残せなかった

5.

死んだかれらの残したものは　生きてるわたし生きてるあなた

他には誰も残っていない　他には誰も残っていない

6.

死んだ歴史の残したものは　輝く今日とまた来るあした

他には何も残っていない　他には何も残っていない

歌詞の言わんとするところこそ、この授業の最大の山場だった。

多くの死者のうえに現在の歴史があるということ、そして死んだら何もなくなるし、死んでも何も残せないということ。だから「みんな死ぬな、殺すな、殺されるな」というメッセージを語って、最後の授業は終わった。

最後の授業

卒業式2日前、生徒たちは公立高校の受験に向かっていった。

僕たちはただ、生徒の頑張りを祈るしかなかった。

教師ができることは、自分がどう生きるかという自分自身の物語をつくることだと思っている。上からの目線で教えるのではなく自分の生き方を貫くことだ。そのうえである授業が種まきになっていることがあったり、ある言葉が種まきになっていることがあったりするものなのだと。

卒業式1日前、通知表と3学年の修了証を手渡した。

学校長がその場で何の伴奏もなく、「若者たち」（藤田敏雄作詞・佐藤勝作曲）という歌を歌った。

僕と同い年のその校長の別れの歌は、子どもたちへの素朴な愛情を感じさせた。

放課後、卒業式の会場を、1、2年生の先生方が作ってくれ、最後の打ち合わせで先生方にお礼の言葉を述べたとき、僕は柄にもなく大泣きをしてしまった。

つらい時もあったが充実した教員生活を、共に怒り、悔しがり、悲しみ、そして笑い、泣きしてきた同僚たちを前にして、感謝の言葉しかなかった。

卒業式当日、制約された短い時間ではあったが、卒業生たちはそれぞれに立派に卒業証書を授与され「答辞」を述べ、式歌を歌った。僕たち教員からは、卒業生にサプライズで「最後のプレゼント」として大きな垂れ幕に書いた1人ひとりからの「言葉」を贈って学校を送り出した。

こうやって、僕の38年間の教員生活は一区切りした。

そして、「すみれ塾」でも郡山教室と奈良教室で合計6名の中学3年生が、それぞれ志望していた公立・国立の学校に進学していった。

また今年の夏から始めた「学びのフリースペース小草」からも3名の中学3年生がそれぞれ志望していた学校に進学することができた。

こちらの活動は、まだまだ一区切りというわけにはいかない。

学校というのは、とてつもなく大きな力を持っている。優秀でやる気のあるまじめな教員がひしめいているし、行政は税金を使っているから教育に使える資金を持っている。教材教具もそろっているし、指導法を学びあう術も資源も豊富にある。

僕のように、学校外にマイノリティーの居場所や学びの場を一から作ろうとしている者から言えば、人もものも金も持たない、力のないボランティアに比べると、学校の持つ力は圧倒的に強くはるかに大きい。

それなのに、学校という職場は、とにかく余裕がなくなっている。しなければならないことは変わらないどころか増えているのに、教師の数は減る一方だ。文科省も教員定数を抜本的に見直して教員の数を増やすことなどには、全く興味がなさそうで、予算要求すらしない。

ここにきて、教員の多忙が社会問題となり、「働き方改革」と言い出したが、あんなのはペテンで働き方改革ではなく、「働かせ方改革」だ。せいぜい「タイムカード」で出退勤時刻を打刻させたり、仕事がたくさん残っていても「早く帰らせる」という嫌がらせまがいのことだ。

僕は教師という仕事は、子どもたちと一緒に遊んだり放課後ゆっくり語り合ったりする時間と心の余裕が必要な仕事だと思っている。あの子はなぜあんな行動をとったのだろうか。どういう言葉をかけてやればよかったのだろうか。こんな取り組みをしたら子どもたちはどんな反応をするだろうか、どうしたらあの子は少しは上を向いてくれるだろうか、そんなことを考えながら放課後の授業の準備をする時間を過ごせるのなら幸せだ。だが、現実には、矢継ぎ早に迫られる「改革」による「業務過多」は、僕たちが時間をかけて生徒の人生に関われる時間を奪ってきた。

教員は社会と関わることも社会と向き合うこともしなくなり、この社会をつくっている一員だという自覚もなくなったのだろうか。気がつけば、疑問や批判の声はすっかり影を潜め、自粛と忖度に終始している。教員には「自主と自由」がなければ、「楽しく」取り組むことはできない。

学校には大きな力がある。教育行政を実際に担っているのだから。

だがそれでも、カバーできないことがたくさんある。人間は同じではないし、束ねてはいけないからだ。大切なのは「個人」なのだから、1人ひとりに関われる時間の確保こそ、最大の教育条件といえるのではないだろうか。その大切な「個人」が集まって、これからの社会をどのように作っていくのかを考える。それを学ぶ場が社会であり学校だと思う。

法律も制度も大きく変わり、教員が自分で考え自分で行動することを恐れ、「上意」を「忖度」するようになったならば、子どもたちにどんな社会を創造させてやることが出来るだろうか。

今ふり返れば、僕が務めていた38年間に社会も学校も変化してきた。気がついた時にはナショナリズムの旗が振られていそうで怖く感じることが多くなった。だからというわけではないが、僕は現役の教員を続けながら、同時に一人の市民としても「種まき」活動をするようになった。それは、教員としてごくごく自然なことだった。

「シャオツァオ」の活動を続け、「無料塾」の活動を続け、「フリースクール」を始めてきたのは、学校や社会で生きづらさを感じているすべての人たちが、生きやすくなる取り組みが必要だと考えたからであり、それは、教員としての「行きつく先」であった。そして、それは誰から指示されたわけではないが、自然に学校のできることとできないことの隙間をうめることになっているはずだ。

おかげで僕らは、一緒に取り組もうとする仲間に出会えた。

活動の原動力は何か、と問われたことがあるが、それは仲間がいることだ。この仲間はこれからもどんどん増えていくだろう。これまで出会った人たちとの再会、そしてこれからの新たな出会い。

社会の格差は構造的で、社会全体の変革には大きな民衆の力が必要だ。とはいえ、そのことに気づいた者が小さな一歩を動かなければ永遠に誰もしない。

「知らなかった」では済まされない。

「知ろうとしなかっただけだろう」と後世からそしりを受けることにならないように。

あとがき

中学校の教員は入学式で生徒たちを迎えたとき、「これから1000日修行の始まりだ」と身を引き締める。3年間は短いようで長い。もちろんいい時ばかりではない。いやになるときの方が多いというのが実感だ。

入学してきた子どもたちを、乗組員（クルー）に例えて、教員はそのクルーたちとともに3年間という長い月日をかけて航海する。1年生や2年生のころには向こう岸は遠くて見えない。ようやく3年生に進級したころに見える向こう岸は卒業式。向こう岸に着いて、僕たちは慣れ親しんだクルーたちに別れを告げる。時にそのまま彼らに付いて行って彼らのその後の人生の近くにいたいような衝動に駆られる。が、そうはいかない。

僕たちはまた次の瞬間には元の岸に戻っている。卒業した彼らとの思い出に浸る間もなく、思いを振り払って次に新しく出会う生徒たちとまた泥まみれになって船をこぎだす。

退職した僕には学校での新しい出会いはない。だから、向こう岸の卒業生のことを時々思い出す。連絡が入ると「あの時、もっと付き添ってやればよかったかな」とか、「こう言ってやればよかったかな」「もっとこんな展開もあったかな」など今でも後悔することがある。

だが、僕たちにつながる先輩の教師たちは、今の時代とは比べ物にならないぐらいの強い責任を感じてきていたことを、心しておかなければならないと思う。

いつも僕が思い出すことがある。

吉武照子さんという人のことだ。

吉武照子さんは1931年「満州事変」の年の生まれ。太平洋戦争敗戦直後の1945年、旧制女学校2年生だった。

敗戦後、GHQの占領下で日本は軍国主義を否定し、民主主義や人権が尊重されるという新しい価値観が急速に広まった。教育内容も大きく変わった。

今ならすぐに新しい教科書が配付されるところだが、当時は物不足だったので、間違っている箇所を墨で消すことから戦後の民主教育は始まった。「墨塗り教科書」という言葉自体、めっきり聞かなくなったが、特に皇国史観による「歴史」と全体主義の道徳「修身」は墨を塗る箇所が多かった。

吉武さんの「歴史」と「修身」を担当していたのは、岡本先生という50歳近い女性だった。

その岡本先生の戦後の授業の最初は「ごめんなさい。何ページの何行を消してください」から始まった。歴史などは2ページ近く真っ黒になったという。

ある日の授業中、「ごめんなさい」と言った後岡本先生は急に黙りこくり、言葉が途絶えてしまった。そしてとうとうぽろぽろと泣き出して、次のように言った。

「ねえみなさん、批判なきまじめさは悪をなすんですよ」

軍国主義を疑うことなく行動したことで戦争に加担してしまった、と悔んだ。当時は先生に限らず、皆

言われるままに兵隊に旗を振っていたものだった
だが、岡本先生は次のように言葉をつづけられた。

「私はどれだけ、生きたいと思う若い人を殺すことに手を貸したか分かりません」

吉武さんにとって、痛烈に心に残る言葉となった。

それから1月後、「わたくしは教える資格がない。ふるさとの岐阜に帰って一生懸命に我が家の農業の手助けをします」と言って、教師をやめた。

吉武さんは、先生の帰郷の日、何人かの友人と駅まで見送りに出かけた。

東京は焼け跡のまま、列車は窓から人が出入りする騒ぎだったそうだ。

「岡本先生、岡本先生」と大声で呼びながら列車沿いに走ったら、ごとんと動き始めた。すると列車の一番前の窓から岡本先生の顔がのぞき、

「吉武さんたち。批判のないまじめさは悪をなすってことを忘れないで」

そのように声をふりしぼって言ったという。

岡本先生の生き様を、吉武さんも自分の中に住まわせたのだろう。

戦後の初めのころ、学校という場は先生と生徒がこの社会の構成員として、対等な目線を持っていられる場所だったと言えるようだ。

その芽を、今の学校でも持ち合わせていられているだろうか。

管理的で、批判精神を良しとしない教育へと変ぼうしてはこなかっただろうか。

この本のタイトルは「ふまじめ教師の教育市民運動」である。

僕らは、「批判」のできる「ふまじめな」教員として、自分のできることをしているうちに、「市民運動」として今にたどり着いた。この先どこまでいけるのやらと不安に思う一方で、同じように思う人とつながれば、もっともっと面白くなる予感がする。

退職した直後、4月中旬のある日、僕は高知にいた。

その日は汗ばむような陽気で、高知城の周辺は新緑に彩られ、そこにあたたかい春の日差しが降り注いでいた。胸いっぱいに空気を吸い込むと体全体の筋肉がゆるむような新鮮な感じがした。

高知城のほど近くに城西公園があり、そこにはいくつかの石碑がある。

ゆったりと散歩するご老人が穏やかにおしゃべりをしていた。子ども連れで公園内の遊具で遊ぶ子どもたちの嬌声が遠くで聞こえていた。

僕はその石碑の中の1つを探しに来ていた。ほどなくして見つけた。あった！

石碑は、1952年1月に竹本源治さんという方が発表された「戦死せる教え児よ」という詩が刻まれたものだった。僕はその場で声に出さずに読んでみた。

戦死せる教え児よ

逝（ゆ）いて還（かえ）らぬ教え児よ

私の手は血まみれだ！　君を縊（くび）つたその綱の
端（はし）を私も持つていた
しかも人の子の師の名において
嗚呼（ああ）！
「お互いにだまされていた」の言訳が　なんでできよう
慚愧（ざんき）　悔恨　懺悔（ざんげ）を重ねても
それがなんの償いになろう
逝つた君はもう還らない
今ぞ私は汚濁の手をすすぎ　涙をはらつて君の墓標に誓う
「繰り返さぬぞ絶対に！」

1編の詩が、船の錨（アンカー）のようにある人の人生に動かない芯をつくることがある。一冊の本がそうなることもある。1時間の授業が人の生き方を変えることもある。

この詩の作者とその教え子たちの命が生き、死んだこと。そのことの上に今の教育があることを忘れずにいたい。

この決意が、子どもたちの教育に携わるすべての人の錨になることを願いたい。

筆をおくにあたり、末筆ながらお礼の言葉を述べたいと思います。

この原稿は小草学園構想「学びのフリースペース小草」開設にあたり多額の寄付をいただいた方への返礼品として書き始めたものです。前川喜平さんは僕たち現役の教職員が無料塾や不登校支援に取り組んでいる活動を様々な面で支えてくださっていました。今回の出版に際しても版元を紹介していただいたばかりか、僕との対談をやろうと提案してくださり実現しました。なんとお礼を言っていいのか、感謝の言葉もありません。またコロナ禍での対談は、かもがわ出版の松竹伸幸さんが難しい段取りをしてくださったうえに、原稿を書くにあたっても適切なアドバイスで不慣れな僕を最後までリードしていただきました。お二人ともありがとうございました。

さらに、何といっても若草中学校73期卒業生の1人ひとりと先生方、皆さんと一緒に過ごした時間がなければ書き終えることはできませんでした。ありがとうございます。

そしてこの本を手にとっていただいたすべての皆様、同じ時代を生きる者として紙面ではあっても出会えたこと、心より感謝いたします。またどこかで出会えたらこんな嬉しいことはありません。その時はどうかよろしくお願いします。ありがとうございました。

最後に、妻直子、萌・颯・澪の3人の子どもたち。あなたたちとの思い出すべてが僕の原動力です。僕はいたらないことが多かったけど、それはごめんなさい。そして何よりも、ありがとう。

二〇二一年七月　母の介護のため実家にて。「五輪まであと二週間」との報を聞きながら

〈対談〉

様々な学びの場を無償の普通教育で

前川喜平×田村隆幸

田村　前川さんに初めてお会いしたのは二〇一九年でしたか、僕たちがやっている「平和と民主主義」とか「人権」などをテーマにした講演会に来ていただいた時です。前川さんは当時、森友問題・加計問題で政府からも激しく非難・中傷を受けているというような状況下で、本音の声を聞きたいなとお声かけをしました。講演タイトルは「忖度と改ざんの政治に民衆はどう立ち向かうか」。

前川　ええ、すごいタイトルでした（笑）。

田村　講演の中でも、「このタイトル、私が付けたものではありません」とおっしゃった（笑）。

僕らは教育現場でだんだんと政治的な圧力を感じるようになり、自由さがなくなっていったように感じてきたのですが、講演をお聞きして、そういう状況と同じ文脈の中に前川さんもいるのかなという感じがして、聞いていてとても楽しかったんです。こういう方が政権中枢部に官僚としておられた、前川さんだけではなしに、何人か批判を持ちながらもまだ面従腹背されている方がいてはんねんと、僕はとても心強く思った思い出があります。

1、安倍・菅政権と教育行政の問題点

●面従腹背する官僚も潰されている

前川　一人もいないとお考えだったところに、一人いたので、あと何人かいるかもしれないということですね（笑）。でもそんなに楽観はできません。

安倍・菅政権八年のあいだに、面従腹背する人間もほとんどしらみつぶしに潰されました。私は運よく生き残って事務次官までさせてもらったけれども、前川みたいな人間がいたことは、安倍政権・菅政権にとってみれば痛恨事でしょうから、「あの前川のようなヤツを二度と出すな」と（笑）。だから、今の中央省庁の次官とか局長は、忖度官僚ばかりになっていて、本当にごくわずか面従腹背でがんばっているのがいるかもしれませんけれど、それはもう潜伏キリシタンみたいな状況になっていると思います（笑）。

私の次の次の文部科学事務次官の藤原誠くんは、私の三年後輩ですけれど、官邸べったりの人間なんです。官房長をやっていたときに定年延長をしてもらった上で、本来、次官になるべき人間は別にいたのに、それを押しのけて事務次官になった。事務次官の定年は一年半後に来たんだけれども、その定年も延長してもらって、今年の三月にその一年延長の定年が来たんだけれども、それも延長してもらったんです。法務省の黒川さんの問題で定年延長がクローズアップされましたけれども、定年延長は官邸が気に入った役人をとどめておくための手段に使われているのです。

彼のエピソードで最近がっくりきたことがあります。新型コロナ対応・民間臨時調査会という組織があり、昨年一〇月、第一波に対する政府の対応について検証する報告書を出したのです。検証をしたメンバーはかなり政府寄りの人たちですが、いろんな人たちからヒアリングして、かなり事実関係には迫っている。その報告書の中では、去年の二月二七日に安倍首相が突然言い出した、あの「全国一斉休校」問題も取り上げられています。全国の学校はてんやわんやだったでしょうね。田村さんの学校も大変だったでしょうけれども。

田村　はい。

●常軌を逸した学校一斉休校に事務次官が迎合

前川　あの二日前に文部科学省は事務連絡文書を出しています。一斉休校なんて一言も言っておらず、学校内で感染者が出た場合には休校を考えましょうというものでした。それから、地域に感染者が出て、濃厚接触者が学校にいた場合には、その濃厚接触者の教職員なり児童生徒なりに出勤や登校を控えてもらうんだ、という話だったのです。地域の中で、たとえば奈良市で一斉に休校するということは、その地域で爆発的に感染が広がって、おそらくロックダウンみたいになるような場合だけだと想定していたのでしょう。ところが、安倍さんの一言で、感染者が一人もいない所まで含めて全国一斉休校にしてしまった。文部科学省から見れば、どう考えても合理的な政策ではなかったんです。不条理と言ったほうがいいです。

にもかかわらず、その検証報告書を読むと、二月二七日の午前中に官邸に呼ばれた藤原誠事務次官は、一斉休校の話を聞くや否や、「私もやった方がいいと思っているんです」と言ったとされている。何を言われても迎合するという、頭がもうそうなってしまっている。

田村　あの時は、あの萩生田文部科学大臣も……。

前川 そう、あの萩生田さんでも（笑）、抵抗したんです。いや、あの菅さんも抵抗したんですよ（笑）。全国一斉休校というのは、それほど常軌を逸した政策だったことは間違いない。それなのに、当の文部科学事務次官がすぐに迎合したという報告書のそのくだりを読んで、本当にがっくりきました。いくらなんでも、そこで「いや、それはいかがなものでしょうか」と待ったをかけなければいけないですよ。まともな役人だったら。

自発的隷従という言葉があるけれど、次官や局長の中では、そんな人がほとんどだろうなあと思います。中央官庁だけではなくて、日本中がそういう雰囲気になっていますよね。学校も含めて。

田村 そうですね。あのニュースを僕は職員室で聞いていたんですけれども、「いや、こんなことは、本当はできるはずない。だけれど、きっとこれはもう明日になったらするよ」と思ったんです。

前川 そのことは、このご本の中にも書いておられますね。

全国一斉休校は、どう考えても間違った政策だったんですけれど、いちばん悪いのは、それを言い出した安倍さんであり、それを安倍さんに吹き込んだ首席首相秘書官の今井尚哉氏もかなり責任があると思います。それから、そのきっかけになったのは、北海道の鈴木直道知事だったのですね。安倍さんの発言の一日前に、北海道で全道一斉休校を要請して、それが北海道の道民やメディアに対して結構受けが良かった。「若い知事の英断だ」みたいなイメージがつくられて。それを見ていた官邸の今井秘書官が「あ、これは行ける。全国一斉休校を打ち出せば安倍さんの株が上がる」と考えたのでしょうけれどね。

●憲法記念日に憲法学者の講演ができない事態

田村　今日朝からニュースを見てますと、鎌倉市の話ですが、二〇一八年の五月三日の憲法記念日を準備していた公選の実行委員会が、木村草太さんを講演者の第一候補に挙げたそうです。ところが、鎌倉市がそれを「政治的だ」と言って拒否したということがありました。

前川　至るところで忖度が広がっていますね。

一斉休校も本当は各市町村の教育委員会は自分で判断すればいいんです。元々学校保健安全法という法律があって、設置自治体が休校を決めるわけですから。文部科学省はせいぜい、指導・助言の権限を持っているだけであって、実際に学校の休校を決めるのはそれぞれの教育委員会で、奈良市の小中学校であれば奈良市教育委員会なんです。ところが、全国一七〇〇以上の教育委員会のうちほとんど、九九パーセントが右へ倣えをしたわけです。右へ倣えというか、安倍に倣えというかね（笑）。あれはまた別の意味で情けなかったです。

普通に考えたら、「そんなやり方はおかしいだろう」「なぜこの地域で休校にする必要があるんだ」と思った教育委員会はたくさんあったはずです。たとえば東京都にしても、小笠原村はずっと長いあいだ感染者はいなかったです。最近は出ましたけれど。都道府県単位でも感染者がいない地域はあったんです。例えば岩手県は長いあいだなかった。だから、普通の理性を持っている人間だったら、なぜ休校にする必要があるのかと考えるのが常識で、これは安倍さんがおかしくなったのだと思うはずなのです。ほとんどの教育委員会は「いや、もうお上が言っているから」というので、それに従った。そういう「上の人が言っていることには従うものだ」という思考停止状態というのが、もう蔓延していると思うんです。とにかく上に狙われたくない。

木村草太さんの講演を拒否した鎌倉市も、この人を呼ぶと何か言われるのではないかと、担当部局が考えたのでしょうね。行政がいちばん怖がっているのは、市議会の右翼系の政治家とか、あるいは地元選出の右のほうの国会議員でしょうね。私も同じような目に遭ったことがありますから、よく分かります（笑）。

田村　そういうことでしょうね。でも、憲法記念日に憲法学者を呼ぼうというのに、それが問題になるなんて、やはりおかしい。それに、政治的にまったく中立であるなんてことは、本来ありえないわけですからね。

だからこそ、きっときちっとした話をしてくれはる人、上の権力に媚びるのではなく、見てこられたこと、してこられたことを正面から語っていただけるということで、前川さんをお呼びすることにしたわけです。

前川　まあでも、組織の中ではずっと面従していた。ぎりぎりの所でやっていたというか。

いちばん困った局面は、教育勅語について国会で答弁させられた時です。あの時は本当に困った。二〇一四年の四月八日の参議院の文教科学委員会で、和田政宗という右翼の国会議員がいて、推測になりますが、大臣の下村博文大臣さんとのあいだで、「こういう質問をするから、こういう答弁を局長からさせろ」と打合せをしていたのだと思います。私がその局長だった。

田村　すでに目を付けられていたわけですか。

●教育勅語に関する文科大臣とのやり取りをめぐって

前川　いや、その時はまだ目を付けられてはいないですね。下村さんは私を忠実なしもべだと思っていたでしょう。

和田さんの質問は、教育勅語を学校の教材として使うべきだと思うが、いかがかというものでした。これに対して、従来の文部省、文部科学省の見解は、「使えません」ということで、七〇年間ずっと一貫していた。埋蔵文化財みたいな意味で「こんなものが昔ありました」という意味で使うのはいいし、むしろ日本の教育の歴史を考える上で知っておくべき事であるとは言えるけれど、ここに書いてある理念が正しいのだ、立派なことが書いてあるのだという使い方は絶対にできない。だから、過去の答弁にならい、「教育勅語を学校の教材として用いることは適切でない」という趣旨の答弁を用意していたのです。

普通、局長は自分の責任で答弁しているので、答弁は事前に大臣には見せません。国会をやっている最中は毎朝、大臣が答弁する内容を説明する会――大臣レクと呼ばれています――を開くんです。「こういう質問があるので、こういう答弁を作りましたけれどいいですか」と大臣に説明するわけです。

そして四月八日の日の朝の大臣レクで、答弁について説明していたら突然、大臣が「局長の答弁を見せろ」と言い出したのです。それで見せたところ、「これでは駄目だ」と言われ、ほとんど口述筆記で、下村さんが言うとおりに書き直しを求められた。

それはどういう答弁かというと、「教育勅語には今日でも通用する普遍的な内容が含まれており、その点に着目して学校の教材として活用することは差し支えない」というものでした。もうあらかじめ下村さんの頭の中にはあったわけですね。そして、ちゃんと最後まで見届けてやるぞという感じで、作り直した答弁を事前に持って来いと言われたんです。命令ですから、仕方ないから書き直し、大臣に見せて、「これでいい」と言われて委員会の時間を迎えることになります。

局長に対する質問なので、当然、和田議員の質問は私に向けられる。それで、大臣の指示で書き直した答弁資料を使って答弁をしはじめたんですけれど、やはり自分の心の中で「これはこのまま言ったらまずいぞ。おまえ、それでいいのか」というアラームが鳴っている感じがあったのです。途中までは読んだのです。「今日でも通用する」という所までは読んだ。でもそこで、「いや、どこにも普遍的な内容はないよな」「こんなのは戦前の日本の特殊な時代の、特殊な物語であって、こんなものに普遍性があるなんてことは言ってはいかん」と思い、答弁をそのまま読むことができなくなったのです。

そして、「今日でも通用するような内容も含まれておりまして、これらの点に着目して学校で活用するということは考えられるというふうに考えております」という表現で止めました。日本国憲法は普遍的ですよ。だけれど、教育勅語は普遍的ではないですから、ここで普遍的なんて言葉は使えないし、学校で教材として使うことは差し支えないなんてことも言えない。そういう言葉は避けたんです。もにゃもにゃとした、曖昧な答弁だったんです。それでもやはり苦しかったです。こんな答弁をしていいのかなと。

そうしたら、私の答弁では不十分だと思ったのでしょう、後ろから下村さんが手を挙げて答弁席に出てきた。そして、「今日でも通用する普遍的なものがあるわけでございまして、この点に着目して学校で教材として使う、教育勅語そのものではなくて、その中身ですね、それは差し支えないことであるというふうに思います」と答弁した。これは七〇年間の教育行政の姿勢を大きく転換した瞬間だったでしょうね。

●教育勅語を教材として使うことを肯定した答弁書

田村 そうですね。だって、戦後すぐに、教育勅語は使えないと決めたわけですから。

前川 一九四八年の六月に衆議院と参議院で決議しているんです。衆議院は、憲法に反する文章だから「排除する」というもので、参議院は、教育基本法と矛盾するので、「効力を失っている」という決議です。

重大なことは、下村さんの答弁があってから三年後ですが、二〇一七年の三月三一日、質問主意書への答弁書という形で閣議決定が行われたことです。そこでは、「憲法や教育基本法等に反しないような形で教育に関する勅語を教材としてもちいることまでは否定されることではない」と書いてあります。そういう政府見解が、もう閣議決定の形で出来てしまっているのです。

「憲法や教育基本法に反しないような形」ならと言うけれど、教育勅語は元々「憲法・教育基本法に反する」と言われていたわけで、本当は使える余地がないはずなのです。なのに「反しない限り使える」というロジックは、じつは憲法や教育基本法をいわば解釈変更しているようなものなのです。安倍さん、菅さんというのはずっと、憲法や法律を守るふりをしながら、解釈を変えながら骨抜きにしていく、ということをやっているわけですけれど、教育勅語についても同じことが行われてしまった。

幸い、公立の小中学校で教育勅語を暗唱させたというケースはまだ聞いていません。でも、とんでもない首長が、とんでもない教育委員や教育長を任命してそういうことをやりはじめるということは、ありえないことではないでしょう。そうなった時に、教育長が文部科学省に「やってもいいでしょう?」とお伺いを立てたら、「よろしい」となる可能性がある。恐ろしい話になってくる。そこにもう道を開いてしまったということです。

田村　歴史修正主義とよく言われますけれど、近現代の戦争の歴史が次々と言い換えられてきた経緯は、僕は学校現場にいてつぶさに見てきました。初めは、侵略かあるいは進出か、みたいな話だったんですけれど、そのうちに、加害の歴史自体がなかったことのようになってきました。政治の場、たとえば市議会であったり県議会であったりでそういう右翼系の議員が出ると、学校の現場では歴史の事実を教えづらくなることが、この間ずっと続いています。

前川　特に、田村先生は中学校の社会科の先生だから、その矛盾をいちばん強く受けとめざるをえない立場ですよね。

公民教育、歴史教育、あと道徳教育と性教育、この辺りがとくに問題にされてきました。人権教育や平和教育も影響を受けて、国家主義的、歴史修正主義的な考え方が政治の力でどんどんと入り込んでくる。これは私も行政の側で感じていたわけですけれどね。

●戦後には戦前の教育への痛烈な反省があった

田村　「道徳の教科化」なんて、歴史上の修身という科目からの文脈で出てきたものですが、このごろはそれ自体もあまり問題にはならなくなってきていて、現場でも「道徳は大事やんか」みたいに、普通のこととして受け止められるような現実があります。今回の本にも書いていますが、戦後すぐの時期、「歴史」と「修身」を担当していた先生が、戦前に使っていた教科書を使わざるを得ないから、生徒に教科書を墨塗りさせて使っていたのだけれど、自分は生徒を殺すことに手を貸したいたのだと生徒に告白し、教師の仕事を辞めていったのです。そんな戦後の反省が、いまではそっくり抜けてしまって。

前川　そうですね。田村さんの本の「あとがき」に出てくる岡本先生のお話ですが、この人は誠実ですよね。国史と修身を担当したわけだから、日本の国体はこういうものであるとか、神武天皇から始まって万世一系の天皇が治めているんだとか、忠と孝とが大事な道徳だみたいなことを、岡本先生は一生懸命教えていたわけです。真面目な先生だから教えられたとおりに教えていたんだと思います。この先生が言った「批判なき真面目さは悪をなす」というのは、ものすごく良い言葉、大事な言葉です。それで、「ごめんなさい」と言ってポロポロ泣きだして、そして最後に、自分には教える資格がないと言って教師を辞めた。でも、この先生には残ってほしかったなあと思います。これだけちゃんと自分の中で清算できた人だったら、そのあとの教育者としての道はあったのではないかという気がするんです。のうのうとそのまま居残った先生も相当いたと思うんですよ。

戦前にあって戦後になくなった教科といったら、修身なんですね。一方、戦前になくて戦後に出来た教科は、社会科なんです。だから、国語や数学の先生は、戦前から戦後まで同じ教科を教えていればよかった。だけれど修身科という教科はなくなって、中等教育では教科ごとの専任ですから、修身の先生は失業してしまったわけです。他方、社会科は新しく出来たので、免許状を持っている先生は、元々一人もいなかった。何が起きたかというと、修身の先生が社会科の先生になっていくのですね。

田村　それはもう、ころっと変わりますから。

前川　それを見ていた戦後焼け跡世代の子どもたちは、昨日までは「天皇陛下のために死ね」と言っていた先生が、「これからはきみたちが主役の民主主義の国だ」と、そういう手のひら返しを目撃したのでしょうね。おそらく「大人なんか信じられない」と思ったことでしょう。でも、この岡本先生のような方はいいなあ。先生自身が懺悔しているわけですから。

もう一つ、高知の石碑の話も強烈です。そこに刻まれている竹本源治さんの「戦死せる教え児よ」の詩の話です。「『お互いにだまされていた』の言い訳がなんでできよう」と言って、「繰り返さぬぞ絶対に」と誓っている。こういう反省があったから、教え子を再び戦場に送るなというスローガンにもなったのでしょう。

●日教組と政治、官僚の対峙の中で

田村 そういう人々、勢力と、政治、官僚、官邸からの力とが対峙しながらというか、日教組と文部省が対峙しながら、戦後教育は成り立ってきた。

前川 日教組があったから文部省も立っていられたというかね（笑）。

田村 それがころっとなくなりましたからね。あとはもうずるずると後ずさりするばかり。

前川 やはりある意味では、文部省と日教組を和解に導いた自社さ政権の責任かも知れないと思います。この政権があったから、戦後五〇年の村山談話なども生まれたわけですが、あの時の自民党は今までいちばんハト派でした。河野洋平さんが総裁でしたが、彼は自民党の綱領から憲法改正のくだりを外そうとまで考えていましたから。今や、改憲派にあらずんば自民党にあらずになってしまってだから私は、いろんな場所の講演の中でも、「かつての自民党と今の自民党は違いますよ」と言うのです。今の自民党は極右政党ですから。かつての自民党の中にはいろんな人がいて、かなりリベラルな人がいたし、護憲派もちゃんといたし、宮澤喜一さんなんて明らかに護憲派だったですから。

田村　野中弘務さんもそうでしたね。

前川　野中さんは人権を大切にする方でもあったし、「大政翼賛会のようになってはいけない」と国会の本会議場で言っていましたからね。戦争を経験して、二度とああいうことを起こしてはいけないという思いを持った人が、自民党の中にもたくさんいたというのは大きかったと思うんです。安倍さんは私と同い年で、戦後生まれ。だから戦争体験が我が事として根づいていないというところはある。ただね――。

田村　おじいちゃんが違いますから（笑）。

●ドイツと日本の違いはどこにあるのか

前川　そうなんです。時代が経っていけば戦争体験を持たない人が増えてくるけれども、その体験を受け継いでいるかどうかということです。

　同じ敗戦国でもドイツと日本の違う所は、戦争に加担した戦争責任がある人たちを徹底的に清算しきれているかいないかだと思います。異論があるかもしれませんが、まず天皇制が生き残っているでしょう？そして、大元帥陛下だった昭和天皇がそのまま戦後も天皇だった。せめて退位ぐらいはすべきではなかったかと思います。この結果、天皇の戦争責任は不問に付されてしまって、A級戦犯で絞首刑になった人はいたけれども、じつは同じように戦争を遂行していた側にいた人たちがたくさん生き残った。その代表格が、安倍さんのおじいさんである岸信介。そういう人が生き残ってしまって、戦前的なものを清算しきれていなかったと思うんです。

田村　民衆のあいだでは、新しい憲法を享受し、憲法の三原則——基本的人権と平和主義と国民主権——をやはりうれしく思ったのでしょうね。不易と流行と言いますけれども、新しい日本は戦争の反省から出発だというのが不易の部分であったはずなのに、今はもうそれは不易でなくなり、昨今の流行の部分だけが重視されています。文科省の藤原さんが出してはるような「新しい日本型学校教育の構築」というのも、人権などの不易の部分がすっかり抜けていますから。

前川　これはいろんな所でつながっていますが、学術会議問題にもつながっていると思います。学術会議というのは、その不易の部分です。学術というのは真理を探求する営みですから。

その学術会議は、発足の時から戦争目的の研究には断固反対だという姿勢を貫いてきた。その種の声明を二つ出していたのです。それが最近になって顕在化したのは、二〇一五年から防衛省の安全保障技術研究推進制度が開始され、大学や学者側はどう対応するかが問われたことがきっかけです。学術会議は、侃侃諤諤の議論をした結果、二〇一七年、過去の「二つの声明を継承する」という声明を改めて出したわけです。安倍政権・菅政権は学術会議のことを目の上のたんこぶみたいに忌み嫌ってきたのだけれど、この声明にカチンときた。

田村　それは気に入らないはずですね（笑）。

●役に立つかどうかを政策の基準にしてはならない

前川　学問、学術、あるいは科学というのは、政策の道具にしてはいけないのです。軍事研究であれ、あるいはイノベーションであれ、です。学術研究の中にはまったく役に立たないものもあるのです。まったく役に立たなくても、真理を追究するという価値がある。少し前に亡くなられた小柴昌俊さんは、カミオカンデを作ってニュートリノというのを観察したことでノーベル賞を取りましたけれども、ニュートリノを見つけたからといって何の役にも立たないと、ご自身が言っていました。役に立たないけれど、それでもやはりニュートリノを見つけたのは、大きな成果なのです。今の学術会議の会長の梶田さんも小柴さんの弟子ですから、役に立たないことをずっとやってきた人なんです（笑）。そういう人こそ、役に立たなくていいんだと開き直らなくてはいけない。

ところが今、科学技術・イノベーション会議で学術会議のあり方を検討しようという話になっています。科学技術・イノベーション会議というのは、まさに役に立つ技術を求めるための会議です。はじめから役に立つか立たないかという目で学問を見ているわけだから、そういう見地で学術会議のあり方を考えるとなったら、役に立たないものとか、真理を追究するという部分がどんどんどんどん落とされていく。でも、国力の充実だとか、経済成長だとか、そういうものの役に立つかどうかで学問を決めてはいけないし、教育もそうだと思います。

学問と教育はつながっている、一体のものだと思います。学問というと、今は大学で学ぶことのような言葉遣いが多いですけれど、元々学ぶこと全部が学問なのです。だから私は、小学校だって中学校だって学問の府だと思います。

その学問というのは、何かの役に立つということに覆い尽くされてはいけません。役に立つ部分もあってよくて、世の中に出て仕事をしていく上で必要になるスキルを身につける、というのはあっていいと思います。しかし、人間として生きていくために大事なものというものは、役に立つとは限らないですよね。

田村 そういう基礎研究がすごく大事やっていうのは、それこそ不易なんですけれど。

前川 そこがおろそかになっている。そして結局、すぐに役に立つものばかり探しているうちに、ワクチンも作れない国になってしまった（笑）。

2、奈良における実践とその意味

前川 この御本の話に戻りますが、田村さんがやってこられた実践は、とてもすばらしいなあと思います。

田村 ありがとうございます。

●今の学校制度へのアンチテーゼとしての学びの場

前川 私はそういう実践家ではなくて、四年前までは行政官で、そこからあとは単に自由人なんです（笑）。

でも田村さんは、目の前にいる、生きづらさを抱えている、国籍や年齢にかかわりなく学ぶことを必要としている人たちのための学びの場を、やむにやまれぬ思いで作っていく中で、必然的にこういう活動になってきたのだろうなと、読んでいて思ったのです。夜間中学で中国から来た子どもやその保護者を見ていて、「これは彼らの学びの場が必要だ」と思って、「シャオツァオ」を作る。さらに「いろんな経済的困難を抱えた子どもたちの学びの場が必要だ」と言って「すみれ塾」を立ち上げる。さらには不登校の子どもたちの居場所としての「学びのフリースペース小草」を作る。おそらくその先に、今の学校制度に対する、いわばアンチテーゼのような学びの場を作っていこうという、ひそかな野望を感じるんです（笑）。

田村　夜間中学は学校という枠にはあてはまらない学校であって、自由さや自主的な精神が、すごくきれいやったですね。学びの姿が美しかったし、やりがいも感じたし。春日中学校の夜間学級でしたが、僕はそこに一一年間おりまして。そこで前身のうどん学校の歴史などに触れて調べたりしてきました。春日中学校が公立化して三〇周年の記念式典を準備する役割を与えてもらって、うどん学校のころの方がその当時まだ生きてはったので、お会いしてお話を伺ったのです。そうすると、今の学校制度の枠の中にいるとできなさそうなことを、当時の人たちは制度の枠を越えてされていたことが分かった。その時代に応じて必要とする人が変わってくるけれども、それに全部対応していった夜間中学があった。それを学びながら、では今、何ができるのかなと考えてやってきたのです。ある意味で必然だったのかもしれませんが、実際には必要に応じてというか、やりながらの行き当たりばったりでした。

●夜間中学校の様々な形

前川　今、田村さんがお話しされた中に「公立化」という言葉がありました。夜間中学で公立化という言葉を使うのは、私は奈良でしか聞きません。

　奈良では、うどん学校という自主夜間中学から、公立の春日中学校の夜間学級が出来たという経緯があり、これは奈良では天理と橿原も同じような経緯で、自主的な運動の中から公立夜間中学が出来た。それを公立化と呼んでいるのですね。あれは自分たちが作ってきたという意識がそこにある。東京ではこういう言葉は使いません。公立夜間中学が最初から作られていた経緯があるからです。そして自主夜間中学はそれとは別にあるという捉え方です。自主夜間中学の取り組みの中から公立夜間中学の設置に至った経験はありまして、最近の川口とか松戸などもそうです。三〇年間ずっと自主夜間中学の活動をやってきて、公立夜間中学設置を求める活動とが一緒に行われて、その設置が実ったケースです。でも、川口や松戸でも公立化という言葉は使っていないですね。

田村　奈良での自主夜間中学は、公立化をめざすことを前面に出していません。それを否定しているわけではないけれども、「とりあえずは公立化はめざさない自主夜間中学」という意味付けです。公立化するかしないかは自主的に決めるという。

　いずれにしても、必要な人たちがいるということで、「してあげている」ではなしに、手を携えて一緒にできることを、スクラムを組んでやるという感じです。それが、戦後補償という意味もあって、すごく気持ちと一致したんです。

前川　田村さんが春日中学校の夜間学級におられた時の生徒さんは、どんな生徒さんがいちばん多かったですか？　やはり中国からの帰国者などのニューカマーの外国人の方々？

田村　そうです、ニューカマーですね。半数は中国からの帰国者の家族。あとは在日の方と、しょうがいがあって就学を猶予されていた人。あとは被差別部落の出身の方。いろんな方がおられました。

●政府は廃止を勧告したが必要性があったから

前川　先ほど田村さんがおっしゃったように、夜間中学というのは学びたいというニーズに応えて、だんだん性格を変えてきているのです。だから、最初は学齢期の子どもたちのための学びの場だったわけで。新制中学校の制度が出来たけれども、昼間の中学校には通えない、昼間働いていないと家族が食べられないというような事情があって通えない子どもたちに、学びの場をつくろうというので。当時の文部省は「そんなもの要らん」と言っていたんですけれどね。当時というか、五年前まで「要らん」と言っていたんです。

田村　廃止勧告が六六年に出されていますからね。

前川　ええ、夜間中学早期廃止勧告が当時の行政管理庁、今の総務省から出されています。行政監察の結果として、「これは無駄だからやめさせろ」というものです。

ああいう勧告は、じつは勧告を出すほうの役所と受け取る側の役所は談合しているんです。あの一九六六年の夜間中学廃止勧告も、むしろ文部省が行政管理庁に「出してくれ」と言ったのかもしれない。それを盾に取って「やめろ」と指導したのではないかなと思います。

でも、それに反発して、あの髙野雅夫さんなどが「夜間中学生」という映画を作って全国を回った。これも夜間中学の一つの歴史だと思っています。

田村　そういう精神が、形は変えても僕らの夜間中学にも受け継がれていると思います。僕の初任校は結構荒れた学校で、僕らは二二歳とか二三歳とかですから、生徒は言うことを聞いてくれないんです。ところが、先輩の先生の中には、授業も受けずに煙草を吸っている生徒に向かって、「こら！　負け犬！」と叱咤する人がいるんです。ところが、僕たちなら掴み合いになりそうな子が、そう言われてもじっと握りこぶしを作って、でも逆らわないんです。不思議で、不思議で。それで、飲み会の時にその先輩が横にいて話を聞いたら、じつは、夜も朝もそういう子たちにかかわっていた。親がいてないからと家に入っていってご飯をこしらえてたりとか。そういうことがだんだんわかってきて、すごく影響を受けました。

その方が「じつは、僕はうどん学校にも行っていたんだ」「おもしろいでぇ」と、その当時のことを教えてくれたのです。それが僕が夜間中学に関わるきっかけでした。まだ当時、在日の一世の方がおられたから、お会いして歴史を学んでいって、自分にも細々とでもできることがあるかな、と感じたのが、結局シャオツァオになっていった。

その頃、貧困の子どもたちの問題というのが、たくさん報道されていたのです。中国からの子たちを見ている中で、「自分は塾に行ったことがないし、行きたいねん」と言っている声に接して、じゃあ無料の塾を作ろうかということになった。ある意味、自然というか、やはり行き当たりばったりというか、そんな形だったんです。

●親が子に中国語を教える場をつくったことの意味

前川 でもやはり必然なんでしょうね。一つの活動から、また別のニーズが呼び起こされていくというのは。

そのシャオツァオの活動の話を聞いて、ああ、そうだなあと思ったのは、中国から帰国した子どもたちが、中国人であることを隠そうとするとか、中国語を使いたくないというとか、自分の親をないがしろにするということです。それに対して、田村さんたちは、親たちが子どもに中国語を教える場を作った。これはものすごく良い活動だなあと思います。

田村 思いついた時はうれしかったです。あっ、そうすればいいんだ！と。

前川 民族的ルーツをちゃんと自覚することによって自尊感情も回復できるし、親子のつながりも回復できる。しかも、せっかく中国語文化圏で生まれ育っているわけだから、ダブル・アイデンティティをもってバイリンガルになれば、それはやはり、ものすごく強みにもなりますよ。今はいろんな国から来ている子どもたちがいますが、ぜひ自分たちの母語や継承語を学ぶ機会を作ってやる必要があるなあと思うんです。

大阪には民族学級があります。小学校で、課外活動として、在日コリアンの子どもたちのための韓国朝鮮語の授業をしています。大阪の話を聞くと、今は、韓国朝鮮語だけではなくてフィリピンのタガログ語の民族学級も出来ているらしいです。大阪の府立高校では、外国ルーツの子どもたちのために、彼らの母語・継承語を正規の授業科目として開設したりしています。これはものすごく大事だなあと思ったんです。

東京の新宿にタイ料理屋さんがありまして、そこのマスターが在日タイ人二世で、まだ若いのですが、タイ語も日本語もできるんです。お父さんお母さんが一世で、タイ料理屋を始めて、その姉妹店みたいなのを任されている。彼自身は東京で日本の小学校・中学校に行って、日本語は完全に我々と同じように話せるんだけれど、その彼の弟と妹は逆に日本語しか話せなくなっている。一方、お父さんお母さんは日本語がほとんど話せなくて、長男の彼だけが両方話せるので、彼がいないと話が通じなくなってしまっているんです。

こういうことはおそらく在日コリアンの一世、二世、三世のあいだでも広範に起こったことだと思うんです。これではいかんというので、在日の人たちが国語講習所を作って、それが朝鮮学校になっていると思うんですけれど。

田村　それも自主的に自分たちの子どもに民族教育をということでされていったのが発端やと思うんです。だから僕らも「日本人がしてやっている」ではなくて、コミュニティ自身がちゃんと自立しているというか、そこをめざしたかったんです。

3、学校以外の普通教育を無償で行うには

●普通教育を学校の外で実現する選択肢

田村 僕は、前川さんのこの前の講演を聞いていてとっても賛同したのが、憲法二六条に関わるお話でした。第2項で、「すべて国民は、……その保護する子女に普通教育を受けさせる義務を負ふ」とあり、さらに続けて「義務教育は、これを無償とする」とあることに絡めたお話でした。二〇一六年に教育機会確保法（「義務教育の段階における普通教育に相当する教育の機会の確保等に関する法律」）が出来たのだけれど、これが発展して、いったんは卒業した人も、あるいはちょっと年は超過したけれども学びなおしをしたいという人たちも学べる場所が、無償のものとして制度的に出来上がったらいいなあと思うのです。現在は、漫画のドラゴンボールの元気玉みたいに、みんなからカンパを集めて、それで何とかやり繰りしようというふうに思っているんです。でも、それが無償でできればうれしい。

前川 そうなんです。ただ、なかなか道は遠いのです。日本の場合、学校でなければ普通教育ではないという考え方が、非常に根強くあるからです。でも、ホームスクールとか、学校以外での義務教育は、ほとんどの先進国で認められているのです。じつは日本も、一九四一年の国民学校以前の小学校令の時代は、学校以外の場所で義務教育を受ける道を認めていた。それを一九四一年、国民学校でなければ義務教育で

はないと決め、普通教育学校独占体制とでも言うべきものが、この八〇年間、ずっと今まで続いているんです。しかし、学校に馴染めない子どもはたくさんいるし、どんどん不登校は増えていますしね。

田村　去年の二月二七日の一斉休校要請以来、学校はずっと休校になっている。そうすると、一つは格差の問題が拡大しました。普通に学習塾に行けている家庭の子たちは、塾はずっと継続していたので、オンラインや対面で勉強できたわけです。しかし学校はやっていない。僕らが支援していた学習塾に通えない子どもたちは、学校がやっていない上に、僕らがなかなか支援できなくなったので、格差は拡大していった。もう一つは、不登校の問題です。ぐっと増えた感じがしました。そもそも「コロナが怖い、怖い」と宣伝もされるわけですから、「行かなくてもいいや」みたいになったり、「みんなが行っていないのだから、もう行かなくてもいい」という気持になったりする。

前川　増えたでしょうねえ。統計はいずれ出てくるでしょうけれど、二〇一二年を境に、ずっと不登校は増えていますよね。二〇一九年に小中学校で不登校が一八万人を超えていたので、おそらく二〇二〇年は小中学校だけで二〇万人を超えるのではないかと思います。もう一つは、教職員にとっても生徒にとっても、学校がものすごく生きづらい所、抑圧的な空間になっていると思うんです。それが不登校にまた拍車を掛けるのではないかと思うんです。だからこそ、学校以外の選択というのがあっていいのではないかと。

田村　そうですよね。その子たちが普通教育を学べる機会が制度的にも保証されてほしい。今は自主的にという形だけれど、そこを何とか。

●義務教育という言葉にも問題がある

前川　それが無償でないとね。

憲法二六条は、おっしゃるとおり無償の普通教育を保障しているわけです。「義務教育」という言葉を使っているけれども、子どもには義務がないわけで。「保護者が子どもに普通教育を受けさせなさい」という義務なのです。

私は、保護者が子どもに普通教育を受けさせる義務は、憲法に書かなくてもいいと思っています。立憲主義の考え方からいえば、憲法に国民の義務規定を置く必要はない。憲法というのは国民が国に守らせるための法規範であって、逆ではないのだから。

自民党の改正草案を見ていると、国が国民に義務を守らせようと思っているふしがある。「国旗・国歌を尊重しろ」とか「家族同士は助け合え」とか、余計な義務規定があるわけです。憲法が何であるかということを根本から分かっていない証拠です。

日本国憲法にも、旧憲法の残滓が残っていて。日本国憲法の第三章は「国民の権利及び義務」とされてある。義務まで書いているんです。それで、二六条だけでなく、二七条の「勤労の義務」と三〇条の「納税の義務」が、憲法から求められている国民の義務だとされ、学校の教育でもそう教えろとされているわけです。

納税の問題でも、むしろ八四条の租税法定主義のほうが大事です。法律で決まっていない税金を納める必要はないとか、どんなに偉い人が税金で納めろと言ったとしても、自分たちの代表が集まって国会で決めた法律に基づいていない税金は払う理由はないのだとか、そういうことを教えるべきです。

話が逸れましたが、その義務教育という言葉自体がじつは非常に問題がある。子どもたち自身が学校に行くことは義務だと思い込んでしまっているし、親は親で学校に行かせなければいけないという強迫観念がある。しかし現実にはどんどん学校に行かないという子が増えている。

田村　行かないということも認められないといけません。フリースペースに来ている子は、やはり集団の中では傷つきやすいとか、感性が痛みやすいか、HSC（ハイリー・センシティブ・チャイルド）と言われますけれど、そういう子たちが多くなっていると思います。だから、できたら学校の外で自分の場を確保したい、そこで学習したいという子も増えている。

●学校外の義務教育には超党派の反対があった

前川　二〇一六年の教育機会確保法の制定過程では、最初はもっと抜本的にオルタナティブな学びの場を認めようという意図があったんです。あれは超党派の議員連盟で法案を国会に出したのですけれど、最初に作られた原案は、じつは私も入って文科省で作り、保護者の責任で個別学習計画というものを作って、その個別学習計画に教育委員会の認定を貰ったら学校に行かなくても義務教育として認めますというものだったのです。

だけど、それを超党派の議論の場にさらしたら、超党派で反対が起こったんですよ（笑）。自民党から共産党まで、「反対」という人がいたんです。「こんなことをやったら学校が潰れる」とか「学校がなくなる」とか、そういう人が多かった。

そういうことを言う人の頭の中には、「学校はつらくても行くべき所だ」という前提がある。「しんどい思いをして行くのが学校なんだから、楽な道を作ってしまったら、そちらに行ってしまうではないか」とか、「勉強というのはつらくてもやり遂げることに意味があるんだ」みたいな観念が根底にあるのではないかなと思う。だから「楽な道を用意してはいかん、そんな道を作ったらみんな学校に行かなくなる」ということになる。本当は学校こそが、みんなが喜んで学べる場であるべきだと思うんですけれど、そうならないから原案ではそうしたのです。

でも、超党派の反対で、後退した法律になってしまった。ただ、かろうじて「学校以外の場における学習の重要性を認める」という言葉は残りました。それがきっかけで、文部科学省の不登校に対する政策が変わりました。それまでの文科省の不登校に対する考え方は、子どもたちを指導して学校に戻すというものでした。だから適応指導教室なんていう言葉があった。それは、学校に適応できるように子どもたちのほうを作り変えるという話です。

ところが、この教育機会確保法が出来たあとは、「最終的な目的は社会的な自立だ」という考え方になりました。「学校に戻ることによる社会的自立の道もあるだろうけれど、学校に戻らない社会的自立の道もあっていいんだ」というふうに変わりました。だから、学校に戻らない社会的自立の道としてフリースクールも認められるようになったのだけれど、そういう場を「無償の普通教育の場」にするとまではなっていない。フリースクールを運営するにもお金が掛かるわけですから。

ということで、その問題はずっと残っているのですが、最近では少しずつですけれど、フリースクールに公的助成をするケースも出てきています。大阪の池田市では、前の市長の時に、「スマイルファクトリー」という名前の公設民営フリースクールが出来たのです。それを受託しているのはトイボックスというNPOです。同じように、川崎市にもフリースペース「えん」、市が設置してNPOフリースペースたまりばが受託しているケースがあります。発達障害を抱えているとか、いろんな子がいるんですけれど、学習の場というよりも、ここにいていいんだという居場所を作っている。そこで勉強している子もいるんだけれど、勉強しない子もいるので、フリースクールではなく、フリースペースと言っています。

●カリキュラムを柔軟にできる仕組みもある

田村　奈良市も公立のものを作ると言っていまして、もう始めたかと思います。

前川　だから最近、公立フリースクールという言い方がされるケースが出てきました。

もう一つ、フリースクールではなくてあくまでも学校教育法上の学校なんだけれども、カリキュラムがものすごく柔軟にできる仕組みはあるんです。不登校特例校というもので、奈良だと大和郡山市に「ASU」というのがあります。最近の活動状況は聞いていないですが、もう一五年ぐらい前に訪問したことがあるのです。まだ出来たばかりのころです。そこは本当に緩くやっていましたよ。先生がギターを弾き、みんなで英語の歌を歌っていて、「これで英語と音楽の授業だ」と言って（笑）。

田村　そういうのがたくさんあればあるほどいいですよね。

前川　不登校特例制度を使った学校というのは、まだ公立では全国で八校しかないんです。関西では、その大和郡山のＡＳＵと、京都市の洛風中学校と洛友中学校というのがあります。洛友中学校は、昼間は不登校の子どものための中学校で、不登校特例校なんです。そして夜は夜間中学校です。

だから私は、いろんなタイプの学びの場があって、それが全部、憲法で言うところの無償の普通教育の保障される場となっていくのがいいなあと思っているんです。そして、少しずつ近づいていってはいるのではないかと思っているんですが、なかなか道は遠いです。まず、一般市民のあいだにも、学校信仰がものすごく強く残っていると思います。学校に行かないと敗残者になるのではないか、みたいな受け止め方がある。学校に行かずに不登校のまま立派な社会人になった人は、もうたくさんいるわけですけれど。

●子どもの関心・意欲・態度を評価するのはおかしい

田村　学校では教育内容が押し付けられ、選択肢がなくなってきています。内心の自由が制限されてきている状況が見受けられる中で、「学校ではもうしんどいねん」という子たちが生まれている。そして、学習意欲を高めたり、批判的な精神を涵養するような場としては、もはや学校が機能するのはなかなか難しくなってきている。

前川　今の学校は危ないですよね。それと、学習意欲や批判的な精神は大事だと思うんですけれど、それを評価の対象にするといけないですよね。

田村　そのとおりだと思います。

前川　田村さんも今回の本の中でおっしゃっていますが、私も、子どもの関心・意欲・態度を評価するのはおかしいと思っていたんです。そんなものは評価できないです。結局、たくさん手を挙げたかどうかとか、おしゃべりな子だけが意欲があるように見えてしまうとかになる。そもそも人が人を評価するというのは、本当はできないことなんだという謙虚さが必要だと思うんです。

田村　以前は、上から「これを評価せよ」と言ってきても、教員側には、そうは言われても実際に評価する時には自分の中で融通を利かせる部分があったんです。けれど最近、だんだん教員も飼いならされてきて、何をどうしたかをいちいち報告しないと駄目で、嘘を書くと報告にならないので、言われたとおりにするようになっています。そうするとますます怖くなってきます。

前川　でも、今でも度量のある校長の下では、結構のびのびやっている学校もあると思うんです。校長次第みたいなところがありますよね。

●校長と職員会議の関係はどうあるべきか

田村　かつて現場の教師ががんばっていた経験を知る僕には、校長次第というのがかえって悲しいです。一九八八年のことですが、奈良でシルクロード博覧会がありまして。参加者が少なかったからでしょうが、教育委員会から校長に「校外学習は全部そこに行くように」という指導があったのです。しかし現場はあくまで抵抗した。僕らは平和学習だとか自分で校外学習の計画を立てているので、その指導には従いませんと言った。それで何回も職員会議をやって、どこか落としどころがあるのかなと思っていたら、結局、蹴ったんです。僕の先輩方ががんばってはって、本当に蹴ってしまった。やるなあと思ったんですけれど。今はそんなことはまずない。

前川　上意下達になっていますよね。それは私にも相当責任があることです。「職員会議は意思決定機関ではない」とずっと言ってきたわけですから。

田村　（笑）。

前川　「意思決定するのは校長なんだ」とね。しかし、やはり一つの共同体ですからね。文科省的に言えば最終的に決めるのは校長だとしても、職員会議で充分議論するというのはものすごく大事なことだと、私は思います。

田村　対立しているのではないですからね。僕らはよく鍋蓋式と言うてました。校長だけが蓋の上にちょこっと立っているけれど、あとはみんなが平たくて、対等で議論できるのが学校だ、と教わってきたんやけれども、残念ながら、もうそうではなくなりました。平場の先生たちの思いと関係ない所で上からの意思が支配したら、教育ではなくなると思います。

●子どもたちは接触することで安心するのに

前川　もう一つ加えるならば、子どもの権利条約にも言われている、子どもの意見表明権とが大事です。だから、学校に関しても児童・生徒の意見も取り入れて、民主的な学校運営を実現するのが望ましいと思うんです。今はとにかく、教員も子どもたちも、上から言われたとおりにするのが求められてしまっている。スタンダードという言葉があるけれども、これは非常に問題のある言葉です。教員も生徒も行動を標準化されて、行動規範がものすごく細かく上から下りてきて、このとおりに振る舞えとされてしまっている。これでは不登校は絶対に増えますよ。

田村　そうですね。去年はそれこそコロナがあったので、やれ文化祭のときはどうするとか、運動会の時には応援は声を出さないで応援するとか、いろいろ細かい指示がありました（笑）。

前川　声を出さない応援って、どうやって（笑）。田村さんも本に書いていますが、学校に来た子どもは絶対に群れるんです。あるＮＰＯが休校明けの学校で先生たちがいちばん何で苦労しているかというのを調査したら、二つあったということです。一つは学校の消毒作業だった。もう一つは、子どもたちへのソーシャル・ディスタンス指導だったんです。

田村　特に小学校は本当に大変だと思います。子どもたちは接触することで安心したりするのに、接触するなというのは本当に酷な話です。

前川　介護施設だって接触しないなんてありえない。必ず介護職員と被介護者のあいだで身体的接触がなければできない仕事です。医療現場もそうだと思います。つまり、接触の避けられない現場というのがあるわけで、学校はその一つだと思うんです。

だから、接触は避けられない現場だという前提で、ではどういうふうに安全を確保するか、と考えるべきです。一クラスの人数を少なくするのも一定の効果があると思う。教師から子どもへの感染を防ぐためにも、ワクチンは教職員には優先的に打ったらいいと思います。

田村　そうですね。コロナの問題ではまだまだ手探りのところもありますが、そこを乗りこえて、奈良発の市民教育運動に挑戦していきたいと思います。

著者プロフィールと活動年表

田村隆幸（たむら・たかゆき）
1960年生まれ　特定非営利活動法人「市民ひろばなら小草」理事長

1983年　奈良市内の公立中学校に新卒の社会科教諭として赴任、2021年定年退職
2001年　奈良市立春日中学校夜間学級に勤務
2005年　奈良に夜間中学を作り育てる会事務局
2007年　夜間学級の長欠生徒対策として日曜学習会を開催
2008年　日曜学習会に小中学生も参加するようになり、日曜学校と言われる
2008年　奈良県夜間中学連絡協議会事務局長（2012年も）
2010年　日曜学校の広がりを背景にして、ルーツを中国に持つ子と親の会「小草（シャオツァオ）」を結成し事務局長
2011年　シャオツァオの仲間と「沖縄の高江・辺野古につながる奈良の会」を結成し事務局長
2015年　無料学習塾「すみれ塾」郡山教室を開設
2017年　特定非営利活動法人「市民ひろばなら小草」を結成し事務局長
2018年　無料学習塾「すみれ塾」奈良教室を開設
2020年　小草学園構想「学びのフリースペース小草（おぐさ）」を開設へ

奈良発　ふまじめ教師の市民教育運動

夜間中学・外国ルーツの子の教育・無料塾の日々、そして…

2021年8月10日　第1刷発行

著　者　ⓒ田村隆幸

発行者　　竹村正治

発行所　　株式会社　かもがわ出版

〒602-8119　京都市上京区堀川通出水西入

TEL 075-432-2868 FAX 075-432-2869

振替　01010-5-12436

ホームページ　http://www.kamogawa.co.jp

印刷所　　シナノ書籍印刷株式会社

ISBN978-4-7803-1177-8　C0037